本书系江西省社会科学规划"十四五"（2024年）基金项目"大外宣格局下地方国际传播的实践困境与发展路径研究"（项目编号：24XW04）研究成果。

韩鹏飞　吴志刚⊙著

主流媒体的媒体融合实践

—— 基于对《江西日报》的个案研究

江西人民出版社
Jiangxi People's Publishing House
全国百佳出版社

图书在版编目（ＣＩＰ）数据

主流媒体的媒体融合实践：基于对《江西日报》的个案研究／韩鹏飞，吴志刚著． -- 南昌：江西人民出版社，2024．12． -- ISBN 978-7-210-16075-5

Ⅰ．G219.2

中国国家版本馆 CIP 数据核字第 2025QG9862 号

主流媒体的媒体融合实践——基于对《江西日报》的个案研究　　韩鹏飞　吴志刚　著
ZHULIU MEITI DE MEITI RONGHE SHIJIAN——JIYU DUI《JIANGXI RIBAO》DE GEAN YANJIU

责 任 编 辑：吴艺文
封 面 设 计：同异文化传媒

 出版发行

地	址：江西省南昌市三经路 47 号附 1 号（邮编：330006）

编辑部电话：0791-86898470

发行部电话：0791-86898893

网　　　址：www.jxpph.com

承 印 厂：北京虎彩文化传播有限公司

经　　　销：各地新华书店

版　　　次：2024 年 12 月第 1 版

印　　　次：2024 年 12 月第 1 次印刷

开　　　本：787 毫米×1092 毫米　1/16

印　　　张：11.5

字　　　数：168 千

书　　　号：978-7-210-16075-5

赣版权登字-01-2024-977

定　　　价：38.00 元

前　言

　　2024 年 4 月 28 日,江西国际传播中心成立仪式在江西日报社举行; 2024 年 6 月 30 日,江西日报社领衔打造的省级重大传播技术平台江西融媒大脑正式发布上线。作为主流媒体,江西日报社在媒体融合实践的过程中孜孜求索,取得了一定经验,蹚出了特色之路。

　　2013 年,习近平总书记提出"加快传统媒体和新兴媒体融合发展"。 2014 年 8 月 18 日,中央全面深化改革领导小组第四次会议审议通过《关于推动传统媒体和新兴媒体融合发展的指导意见》,这一政策的推行成为中国媒体融合领域的里程碑事件,这一年也被称为中国的"媒体融合元年"。而以 2014 年为起点,2023 年则是媒体融合作为国家战略整体推进的 10 周年。

　　中国式媒体融合与中国式现代化两者存在着逻辑关联,基于党的领导和为人民服务的宗旨,两者互融互构、正向促进。中国式现代化是中国特色社会主义的凝练表达,媒体融合则是基于现实命题的媒体战略。媒体融合通过媒体形态、制度等方面的创新,促进传媒产业规模增长和高质量发展,实现传媒产业的现代化,实现媒介与国家、社会的互构。媒体融合是中国共产党领导的、国家驱动的、以人民为中心的、具有中国特色的媒体融合,推进媒体融合发展是推进中国式现代化的重要战略支撑。

　　媒体融合是实现中国式现代化对新闻传播行业提出的重要命题,近 10 年来引起了新闻传播业界和新闻传播学界的关注和热议,专家学者们将"媒体融合"这一产业话语转变为学术话语,展开深入的研究,取得了丰富的研究成果。尽管如此,中国的媒体融合依然在路上,道路依然曲折艰难,如何实现中国式媒体融合并且以中国式媒体融合推进新闻传播行业高质量发展,助力中国式现代化建设,值得深入研究和持续探索。

如果说中央级党委机关报是主流媒体的头部力量,那么省级党报就是主流媒体的中坚力量,肩负着巩固党的绝对领导、发出党的权威声音、传播党的施政理念的重要任务,是新闻舆论的主阵地、引领导向的主心骨、联系群众的主渠道。站在这一历史性时间节点,本书整体梳理了主流媒体10年的媒体融合实践,并选择《江西日报》作为典型个案进行重点研究。《江西日报》坚持"导向为魂、移动为先、内容为王、创新为要",提出"方向凝聚力量""打造主流'移动'党报""凡精品,必奖励""凡重大,必创新"等举措,讲好江西故事,传播江西好声音,不断提高新闻舆论工作的传播力、影响力、公信力和引导力,向着全国新型主流媒体迈进。

本书基于笔者10年来对主流媒体的观察研究,汇总10年来的研究成果,管窥主流媒体的融合之道,意在回顾过去,认清当下的历史方位并对未来前路予以展望,期望能对中国的媒体融合研究和实践作出贡献。内容如有不当之处,恳请读者批评指正。

韩鹏飞　吴志刚

目　录

第一章

中国式媒体融合与中国式现代化

中国式现代化是中国共产党领导的社会主义现代化。党的领导直接关系中国式现代化的根本方向、前途命运、最终成败。这是因为党的领导决定中国式现代化的根本性质，党的领导确保中国式现代化锚定奋斗目标行稳致远，党的领导激发建设中国式现代化的强劲动力，党的领导凝聚建设中国式现代化的磅礴力量。① 中国共产党第二十次全国代表大会(以下简称"党的二十大")报告指出，从现在起，中国共产党的中心任务就是团结带领全国各族人民全面建成社会主义现代化强国，实现第二个百年奋斗目标，以中国式现代化全面推进中华民族伟大复兴。中国共产党的全面领导既是中国式现代化的根本特征和本质要求，也是推动中国式现代化的关键核心力量。

新时代以来，推进媒体融合向纵深发展，建立全媒体传播体系，是党在理论和实践上的创新突破，是成功推进和拓展中国式现代化的重要组成和显著成果，为中国式现代化提供了重要的基础保障。作为中国式现代化的重要组成部分，中国式媒体融合是党领导的媒体融合。党管媒体、媒体姓党，是中国式媒体融合的根本特征和本质要求，也是推动中国式媒体融合的关键核心力量。在世界"百年未有之大变局"加剧之时，中国作为全球第二大经济体，在越来越极化的舆论场上，面临着与其他任何国家都不一样的国

---

① 参见习近平. 中国式现代化是中国共产党领导的社会主义现代化[J]. 求是,2023(11):1-5.

内外舆论形势和国家治理任务。推进媒体融合于当今中国而言具有特殊的重要性和紧迫性。因此,深入探析中国式媒体融合与中国式现代化之间的内在逻辑关系,尤其是中国式媒体融合与完善国家治理体系和治理能力现代化的互动关系,应是当下研究阐释中国式现代化理论的重要命题。

第一节 "中国式媒体融合"表述的提出与界定

一、相关文献综述

现代媒体业自诞生以来就有兼并集中、融合发展的趋势,但直到 20 世纪 90 年代末,互联网逐渐成为社会运行的新基础设施,跨界别、跨领域的媒体融合才成为新态势。就中国而言,进入 21 世纪以后,尤其是移动互联网快速普及后,媒体融合在国家驱动下成为中国媒体转型升级的必然选择。新时代以来,面对人类社会形态由信息社会向数字社会加速演进和国内外舆论生态的深刻变革,党和国家高度重视媒体融合发展,从"新闻舆论工作是治国理政、定国安邦的大事"[1]的高度,加强党对媒体融合的全面领导。2014年更是将媒体融合上升为国家意志和国家战略,将之纳入中国式现代化事业予以系统规划,因而这一年被称为"媒体融合元年",也是媒体融合研究的"重要转折之年"。

关于媒体融合发展研究,自 2013 年以来,学界在相关领域进行了有益探索。已有研究中,主流的研究视角是从专业逻辑、商业逻辑和政治逻辑三个维度的变迁总结媒体融合各阶段的经验得失,[2]基于媒体传播 – 互联网 – 数

---

① 习近平. 在党的新闻舆论工作座谈会上的讲话［EB/OL］. (2016 – 02 – 19)［2023 – 07 – 25］. http://www.xinhuanet.com/politics/2016 – 02/19/c_1118102868.htm.
② 参见方兴东,顾烨烨,钟祥铭. 中国媒体融合 30 年研究［J］. 新闻大学,2023(1):87 – 100 + 122.

字社会治理的全新结构深入分析媒体融合的根源,①分析媒体融合与国家治理现代化的关系等。有研究关注到中国媒体融合的最新外在特征和改革创新探索,认为中国媒体融合有十个方面改革创新的探索,包括战略战术创新、体制机制创新、服务模式创新、网络治理创新、国际传播创新等。② 基于对有中国特色媒体融合实践和政策的阶段性梳理分析,刘珊和黄升民在2015 年首次提出了"中国式媒体融合"这一表述,但并没有对该表述进行界定和阐述,故未引起广泛关注和使用。龙小农在 2021 年提出中国媒体融合发展范式选择的是不同于西方市场和技术驱动的"国家驱动范式",将媒体融合与治国理政、定国安邦结合,服务于国家治理体系和治理能力现代化。

关于媒体融合与中国式现代化,有研究认为中国新闻传播学自主知识体系建设的历史使命就是服务于中国式现代化;③有研究利用中国式现代化视域审视中国媒体融合的独特路径及对构建中国新闻传播学自主知识体系的启示。④ 2022 年 10 月,党的二十大报告正式提出并科学系统地阐述了中国式现代化理论的特征和本质要求,这为"中国式媒体融合"的表述提供了理论依据。2022 年 11 月,胡正荣在中国传播学会理事会暨第五届中国智能媒体传播高峰论坛上的发言再次提到了"中国式媒体融合",认为中国走的媒体融合道路是典型的中国式媒体融合。媒体融合与中国式现代化的关系,成为 2022 年以来新闻传播学研究和相关论坛或研讨会关注的共同主题。此后,"中国式媒体融合"这一表述逐渐进入学术视野,但对于何谓"中国式媒体融合",学界至今尚未对其内涵和外延予以具体界定和阐述。

二、中国式媒体融合的内涵及特征

在提出中国媒体融合选择国家驱动范式基础上,基于对中国式现代化

---

① 参见方兴东,钟祥铭.中国媒体融合的本质、使命与道路选择[J].现代出版,2020(04):41 - 47.

② 参见曾祥敏,杨丽萍.我国媒体融合发展的十大创新探索[J].传媒,2023(02):28 - 31.

③ 参见王凤翔.服务中国式现代化——中国自主新闻传播学知识体系建设的历史使命[J].新闻与传播研究,2022(12):5 - 13 + 126.

④ 参见张垒,王妍.中国式现代化视阈下的媒体融合发展:独特道路何以可能[J].全球传媒学刊,2023(02):17 - 30.

的理解、对中国媒体融合的实践探索、对政策引导的梳理分析和前人的研究智识，我们认为中国式媒体融合是中国共产党全面领导的媒体融合，是主要由国家驱动而不单是由市场和技术驱动的媒体融合，是媒体与服务、政务、商务"四位一体"的媒体融合，是以服务人民、服务国家治理现代化为中心的媒体融合。其本质要求是在中国共产党的全面领导下，以服务人民、服务中国式现代化为中心，全面建立健全全媒体传播体系，助力完善国家治理体系和治理能力现代化。中国式媒体融合是中国共产党推进中国式现代化、实现中华民族伟大复兴的重要战略举措，所取得的主要成效，尤其是推进中国式现代化的成效，集中体现在提升中国媒体产业的现代化，协力疫情防控、脱贫攻坚、乡村振兴，推进数字社会、数字中国建设，完善国家治理现代化等方面。

与欧美式媒体融合相比，中国式媒体融合有在媒体形态和业态上兼并集中的一般特征，更有基于中国政治体制和传媒体制而具有的鲜明特色。这种特色集中体现在党管媒体、媒体姓党、国家驱动、服务治国理政。欧美式媒体融合以资本和技术为中心，走的是市场驱动范式，为资本服务。中国式媒体融合以服务人民、服务治理现代化为中心，选择的是国家驱动范式，为人民服务。党中央举旗定向，从战略、体系、路径和生态对媒体融合纵深发展作出决策部署，展现了推进媒体融合的决心与信心，也体现了媒体融合创新设计的系统性与连贯性。这是中国式媒体融合不同于欧美式媒体融合的根本特征，也是中国媒体融合实现现代化发展的初心与使命。正是由于坚持"以人民为中心"，中国式媒体融合才不同于并超越了"以资本和技术为中心"的欧美式媒体融合，在服务中华民族伟大复兴和构建人类命运共同体的意义上，占据着道义制高点。

因此，在审视中国式媒体融合的本质上，我们不能仅从媒体形态和传媒业态本身出发，还须从媒体与社会的关系、媒体与国家的关系出发，从媒体融合是治国理政、定国安邦的大事的高度出发。有学者认为"媒体融合的本质，不仅仅是媒体形态随技术发展而转变，更是随着互联网的发展，人类生存和发展的空间,由过去现实空间主导开始逐渐转向网络空间主导"①,这仅仅揭示了媒体融合的形态和业态层面。中国式媒体融合不单单是一个信息传播命题,更是一个国家治理体系和治理能力现代化的命题;中国式媒体融合不仅是媒体与媒体的融合,更是媒体与社会、媒体与国家的融合互构。利用媒体融合建立全媒体传播体系,提高国家治理效能,构建主流舆论格局,维护意识形态安全,助推国家治理体系和治理能力现代化,是中国式媒体融合的根本使命,是"中国之治"的独特优势,也是中国式现代化的重要特征。事实上,党和政府已经洞悉媒体融合的最终形态和本质应是媒体与社会、媒体与国家的一体同构,从而将推动媒体融合发展上升为国家意志和国家战略。如此,抓住媒体融合治理这一核心,国家治理和社会治理现代化就能纲举目张。

第二节　中国式媒体融合是中国式现代化的重要组成部分

一、推进媒体融合是实现中国式现代化的国家战略

习近平总书记强调,推进中国式现代化是一个系统工程,需要统筹兼顾、系统谋划、整体推进。② 一方面,中国式现代化内在地包括了媒体融合发展的现代化,中国式现代化要求推进中国式媒体融合向纵深发展。纵观中国近十年的媒体融合发展之路,自上而下、顶层设计、系统推进的媒体融合战略和实践,是中国式现代化不可或缺的组成部分。另一方面,媒体融合赋能经济社会高质量发展,赋能国家治理体系和治理能力现代化,加快推进媒体深度融合发展将助力推进中国式现代化。我国实行人民民主专政,媒体的党性和人民性高度统一,媒体是党重要的执政资源和治国理政资源,发挥

---

① 方兴东,钟祥铭.中国媒体融合的本质、使命与道路选择[J].现代出版,2020(4):41-47.
② 参见习近平.在学习贯彻党的二十大精神研讨班开班式上重要讲话[EB/OL].(2023-02-07)[2023-07-25].https://www.gov.cn/xinwen/2023-02/07/content_5740520.htm.

着党和人民的耳目喉舌的重要作用,因而党和政府始终把媒体作为党和国家的事业来经营,坚持党领导一切、党管媒体,强调党与政府在媒体融合中的主导作用。通过国家驱动媒体融合,中国媒体已经融入政治制度与社会治理的日常实践中,服务于人民的交流和传播活动。与此同时,媒体渗入经济社会的方方面面,成为社会治理的重要政治资源和构建社会认同的黏合剂。

在美国等西方国家,媒体是相对独立于个体、社会和国家的"第四势力",媒体融合主要由市场和技术驱动,商业利益推动人工智能技术、大型平台和数字融媒体发展。商业公司作为市场主体的重要特点就是追求利润的最大化,在生产大量融媒体产品和服务以及缩减成本的矛盾需求之下,大型商业公司很难同时考虑融媒体技术对个人、社会与国家的影响。但中国媒体融合在国家驱动范式下,党和国家将媒体融合视为完善国家治理体系、提升治理能力现代化水平的重要治理资源和手段,主导新媒介技术的使用与各省级、市级、县级融媒体资源的整合。概括来说,国家驱动媒体融合发展背后潜藏的逻辑动因主要有三:一是媒体融合作为文化产业发展繁荣的需要;二是媒体融合作为知识生产主体保障党和国家意识形态安全的需要;三是媒体融合作为执政资源服务国家治理现代化的需要。正是基于行业发展,尤其是国家意识形态安全和国家治理现代化的多重紧迫性,媒体融合才被上升为国家战略在全国范围内贯彻落实,以建立全覆盖的全媒体传播体系。对此,张磊、胡正荣在《重建公共传播体系:媒体深度融合的关键理念与实践路径》中指出:"具有中国特色的全媒体传播体系与数字社会所需要的基础设施在一定意义上形成了同构,打造全媒体传播体系架构下的、以公共性为核心的数字社会基础设施成为媒体深度融合的全新逻辑转向。"

基于以上逻辑考量,新时代以来,党和国家顶层设计,系统创新,逐渐建构完整的媒体融合政策体系,驱动媒体融合向纵深发展,把中国式媒体融合纳入中国式现代化。2013 年 8 月 19 日,习近平总书记在第四次全国宣传思想工作会议上强调:"要积极探索有利于破解工作难题的新举措、新办法,特别是要适应社会信息化持续推进的新情况,加快传统媒体和新兴媒体融合发展,充分运用新技术新应用创新媒体传播方式,占领信息传播制高点。"①
讲话首次将媒体融合工作提到国家意识形态建设和宣传思想工作的高度。
2013 年 11 月,中共十八届三中全会审议通过的《中共中央关于全面深化改
革若干重大问题的决定》,将全面深化改革的总目标定为"完善和发展中国
特色社会主义制度""推进国家治理体系和治理能力现代化",具体在"推进
文化体制机制创新"部分,明确提出"整合新闻媒体资源,推动传统媒体和新
兴媒体融合发展"的要求。

2014 年 8 月 18 日,中央全面深化改革领导小组第四次会议审议通过的
《关于推动传统媒体和新兴媒体融合发展的指导意见》,是我国媒体融合政
策体系中的首个框架性、专门性指导文件,是在中国媒体融合政策体系中发
挥顶层设计和统筹主导作用的政策文本之一。习近平总书记针对这一媒体
融合发展指导意见发表的重要讲话,论述了媒体融合的程度、方式和目标等
问题,极具指导意义。随后中央和省级媒体加速向融媒体转型发展。这份文
件的出台表明,媒体融合正式上升到国家战略、国家行动层面,是党中央在
全面深化改革的背景下,为适应媒介技术的深刻变革,巩固宣传思想文化阵
地,壮大主流思想舆论,确保意识形态安全作出的重大战略部署。②

二、中国媒体融合政策的历史演进

2018 年 8 月 21 日,习近平总书记在第五次全国宣传思想工作会议上提
出:"要扎实抓好县级融媒体中心建设,更好引导群众、服务群众。"2018 年 9
月,为落实这一要求,中央宣传部作出部署,要求 2020 年年底基本实现县级
融媒体中心在全国的全覆盖,2018 年要先行启动 600 个县级融媒体中心建
设。2018 年 11 月 14 日,中央全面深化改革领导小组第五次会议审议通过
《关于加强县级融媒体中心建设的意见》,旨在调整优化媒体布局,整合县级
媒体资源,推进融合发展,不断提高县级媒体传播力、引导力和影响力,巩固

---

① 习近平. 在 2013 年全国宣传思想工作会议上的讲话[EB/OL]. (2013 - 08 - 19)[2023 - 07 - 25]. http://cpc. people. com. cn/n/2014/0808/ c164113 - 25428563. html.

② 参见宫承波,孙宇. 习近平总书记关于媒体融合重要论述的演进脉络及目标指向[J]. 中国出版,2021(3):5 - 10.

壮大主流思想舆论。2019 年,"县级融媒体中心建设的五项标准规范"(《县级融媒体中心建设规范》《县级融媒体中心省级技术平台规范要求》《县级融媒体中心网络安全规范》《县级融媒体中心运行维护规范》《县级融媒体中心监测监管规范》)先后发布实施,为县级融媒体中心建设提供了强有力的政策指导和关键性、基础性技术支撑。

在《关于推动传统媒体和新兴媒体融合发展的指导意见》实施近 5 年后,中国媒体融合由相加阶段进入相融新阶段,亟须研判媒体融合发展新趋势新态势。2019 年 1 月 25 日,十九届中央政治局在人民日报社就全媒体时代和媒体融合发展举行第十二次集体学习。习近平总书记在讲话中首次提出"四全媒体"的新表述,即全程媒体、全息媒体、全员媒体、全效媒体,强调要加快推动媒体融合发展,构建全媒体传播格局。习近平总书记明确指出,我们推动媒体融合发展,是要做大做强主流舆论,巩固全党全国人民团结奋斗的共同思想基础,为实现"两个一百年"奋斗目标、实现中华民族伟大复兴的中国梦提供强大精神力量和舆论支持。①

2020 年 6 月,中央全面深化改革委员会第十四次会议审议通过的《关于加快推进媒体深度融合发展的指导意见》,从重要意义、目标任务、工作原则三个方面明确了媒体深度融合发展的总体要求,进一步提出了"推动主力军全面挺进主战场""走好全媒体时代群众路线""以先进技术引领驱动融合发展""大力培养全媒体人才"和"形成政策保障体系"等具体要求。该意见明确中国媒体深度融合的发展布局是"四级融合发展布局",即以"中央媒体、省级媒体、市级媒体和县级融媒体中心"为主体建设全新的媒体发展体系。媒体融合发展布局的政策指向清晰,融合媒体参与国家治理也成为媒体融合的发展趋势。该意见还指出,主流媒体深度融合要在推进内容生产供给侧改革的同时,"发挥市场机制作用,增强主流媒体的市场竞争意识和能力,探索建立'新闻 + 政务、服务、商务'的运营模式,创新媒体投融资政策,增强

---

① 参见习近平. 在中共十九届中央政治局第十二次集体学习会上的讲话[EB/OL]. (2019 - 01 - 25)[2023 - 07 - 25]. https://www.gov.cn/xinwen/2019 - 01/25/content__5361197.htm.

自我造血机能"。2020 年 11 月 3 日,推进媒体深度融合被中央列入"十四五"规划和 2035 年远景目标。至此,中国国家驱动媒体融合发展的核心政策体系正式形成。在完成对中央、省级、市级和县级融媒体的顶层设计规划与布置后,我国媒体深度融合发展开始迈向全面深化、实施阶段。

　　中央深化全面改革领导小组先后三次审议通过的三个"意见",是习近平总书记和党中央针对媒体融合进行的顶层战略部署,共同构成了中国媒体融合的国家驱动范式与推动媒体融合发展的基本原则、方向、任务和架构。与此同时,习近平总书记多次就媒体融合如何发展、为何要推进媒体融合纵深发展等问题发表重要讲话并作出重要论述。从提出"推动媒体融合发展的重大任务"到"推动媒体融合向纵深发展";从提出"加强顶层设计"到提出"采编发流程再造以及融媒体中心建设";从提出"全媒体不断发展,出现了全程媒体、全息媒体、全员媒体、全效媒体"到"融合发展关键在融为一体、合而为一",习近平总书记的系列重要论述和党中央的系列媒体融合政策文件,为中国式媒体融合发展确立了明确目标,绘就了路线图。

　　从以上习近平总书记关于媒体融合的重要论述及中央发布的有关促进媒体融合发展的指导意见等相关文件中不难析出,党和国家推进媒体融合纵深发展,旨在要求媒体在宣传思想工作、国家治理体系和服务人民群众三个层面发挥建设性作用,与媒体融合的国家驱动逻辑完全契合。首先,在宣传思想层面,要保证意识形态安全。有学者认为,习近平总书记关于媒体融合重要论述的提出是为了适应社会信息化持续推进的新情况,加强舆论引导、保证意识形态安全是其立足点和出发点,也是其根本目的。① 其次,在国家治理层面,要升级国家治理体系。媒体是重要的执政资源,党和国家必须对媒体融合进行方向性指导,从而完善国家治理体系、提升治理能力,保障社会系统的稳定运行。一方面,媒体成为国家治理的新空间,媒体融合传播所建构的虚拟空间是国家治理体系的重要组成部分;另一方面,媒体应作为

---

① 参见陈昌凤,杨依军.意识形态安全与党管媒体原则——中国媒体融合政策之形成与体系建构[J].现代传播(中国传媒大学学报),2015(11):26-23.

促进国家治理能力提升的重要资源。最后,在服务人民层面,要走好全媒体时代群众路线。媒体融合工作要从群众出发,作为宣传思想工作的重要手段,其出发点是占领信息传播制高点,凝聚群众共识,巩固全党全国人民团结奋斗的共同思想基础。

媒体融合发展应在以上三个层面发挥建设性作用,这就要求党和国家必须建立健全关于媒体融合发展的政策体系及配套体系,确保媒体融合发展服务国家"五位一体"总体布局和"四个全面"战略布局;这就要求中国式媒体融合政策亟须在国家治理大格局中做好顶层设计,保证媒体融合的进程在进入深水区的时候不会迷失方向,并实现不同区域、不同层级的融媒体中心在内容生产、分发传播、数据沉淀、技术迭代等环节能实现资源与知识共享,形成全媒体传播体系和格局,从而增进媒体深度融合的整体效率和社会福利的整体提升,最终服务中国式现代化。这是中国媒体融合政策历史演进的旨归。

第三节　中国式媒体融合服务国家治理现代化

一、实现国家治理现代化需要媒体融合

2013 年 11 月,中共十八届三中全会审议通过的《中共中央关于全面深化改革若干重大问题的决定》正式提出"推进国家治理体系和治理能力现代化"的政治新理念,用"社会治理"替代"社会管理"。实现国家治理体系和治理能力现代化,是"中国共产党在社会主义现代化框架下,继工业现代化、农业现代化、国防现代化、科学技术现代化后的第五个'现代化'目标"[①],是中国式现代化的重要内容。2019 年 10 月,中共十九届四中全会审议通过的《中共中央关

---

　　① 李景鹏.关于推进国家治理体系和治理能力现代化——"四个现代化"之 后的第五个"现代化"[J].天津社会科学,2014(2):57－62.

于坚持和完善中国特色社会主义制度、推进国家治理体系和治理能力现代化若干重大问题的决定》,除再次强调要坚持"党管媒体"的原则外,还指出要建立以内容建设为根本、先进技术为支撑、创新管理为保障的全媒体传播体系,将媒体融合工作所要构建的全媒体传播体系纳入国家治理体系和治理能力现代化范畴,从内容、技术和创新管理角度,对媒体融合发展如何参与促进国家治理体系和治理能力现代化提出了要求、提供了指向。

融合媒体作为治国理政、定国安邦的重要资源,在推进国家治理现代化的过程中发挥着重要作用,扮演着关键角色。中国式媒体融合必须服务于当前国家治理体系和治理能力现代化的总体战略。通过媒体融合,建立全媒体传播体系,嵌入国家治理系统,提高国家治理效能,助推国家治理体系和治理能力现代化,是"中国之治"的独特优势,也是中国式现代化的重要特征。媒体融合赋能经济社会高质量发展、国家治理体系和治理能力现代化,推进媒体融合深度发展是推进中国式现代化的重要引擎。如今,媒体融合正向纵深发展,向平台化和媒介与社会一体化方向发展。如何利用媒体融合发展推进中国式现代化,彰显中国媒体融合发展的中国式特征,需在深刻理解中国式现代化的内涵和外延的基础上,充分利用中国式现代化推动媒体融合发展,让媒体融合走深走实,为中国式现代化增添动力,讲述中国式现代化的故事。

2022年10月,党的二十大报告指出,"要加强全媒体传播体系建设,塑造主流舆论新格局"。此处所提全媒体传播体系是进行媒体融合之后实现的新形态的媒介形式和媒体结构,它不应是单一的媒体形态等,而是形成所有媒体形态联通的一种平台架构和生态系统。全媒体传播体系既包括四全媒体即全息媒体、全程媒体、全员媒体、全效媒体,也包括四级媒体即中央级媒体、省级媒体、地市级媒体、县级媒体,链接线上线下空间,构筑起国家治理的主要平台,以此促进党、政府、市场和社会多元主体共同形塑"一元化领导的多元治理结构"。从媒介与社会互构的视角来看,全媒体传播体系与社会治理体系一体同构,成为社会的基础设施与操作系统,依靠网格化管理、精细化服务和信息化支撑,化解社会矛盾和冲突,凝聚社会共识,维护社会的稳定有序运行,从而提高社会治理效能。推进县级融媒体中心建设、乡镇街道综合治理信息中心建设对接县级融媒体中心,就是要打通全媒体传播体系建设的最后一公里,构建全覆盖的基层社会治理平台。

与此相应,国家驱动媒体融合旨在完成舆论宣传、信息服务、国家治理三方面的功能融合,肩负"引导群众"和"服务群众"的双重任务,让全媒体传播体系成为国家治理的核心资源。回望2013年以来中国的媒体融合发展之路,我们采用国家驱动范式,通过政策引导、资金融入、市场引入、利益共享、技术领跑的操作机制和操作模式,顶层设计,系统驱动,推动中国媒体融合发展,持续完善国家治理体系和治理能力现代化。在媒体与社会一体同构的认知逻辑驱动下,媒体融合融合的不仅是媒介态势,更是思维方式和方法论。融合媒体作为国家治理的主体之一和勾连社会的中介性网络,不仅具有以往大众传媒在信息传播、社会整合、持续社会化教育、文化娱乐、社会动员、舆论监督等方面的功能,而且在此基础之上进一步构建了"人 – 媒介 – 社会 – 国家治理"的融合互动,消解中介域,减少沟通治理环节与成本,形成多中心治理网络,克服"治理真空",协力实现国家治理现代化。

从国家治理层面来看,在媒介化社会,完善国家治理体系必须推进媒体融合纵深发展。当国家从战略上将推动媒体融合发展、构建全媒体传播格局提上议程时,考虑的范畴包括但不局限于广电生存、宣传、价值与发展空间等问题,而是意在把传播当作一种社会组织手段,践行媒介领域的供给侧结构性改革,重建信息标准型框架,允诺更好未来的意识形态和政府治理绩效,调和多元主体的社会关系并重新凝结社会信任,减少政治治理成本和信息流通的时间,制定信息时代的社会规范,维持公共的、共同的社会生活。党和国家之所以把媒体融合上升为国家战略,从上到下,系统设计,创新驱动,推进媒体融合向纵深发展,是基于媒体融合赋能国家治理现代化的价值逻辑。因为媒体融合从本质上讲既关系到党的执政问题,是治国理政、定国安邦的大事,又关系到国家和人民的利益,是保障意识形态安全的重要阵地。在媒体与社会、国家高度同构的时代,媒体深度融合可为完善国家治理各领域赋能。

随着社会媒介化和风险化的加速,国家治理模式由科层制管理向网络型扁平化治理转型,媒介作为治国理政的工具、资源、平台和主体,参与国家治理和社会治理,发挥其监测社会环境、畅通沟通渠道、辅助科学决策等社会效能,成为驱动社会治理走向沟通协商、协同共治的重要力量。媒介化治理"注重媒介逻辑与政治逻辑、媒介化社会结构的有机结合,强调治理体系与媒介逻辑的制度化互动,通过将媒介作为制度化因子嵌入国家治理体系,对公共空间、公共政策、社会生活、社会治理等各个领域形成全方位渗透,以此建构多元主体协同参与的治理网络,并贯穿治理全过程,实现治理模式的结构性再造和范式变迁"①。当媒介化治理嵌入国家治理体系现代化的框架,媒介逻辑与政治逻辑相适配,构建起国家主导、媒介驱动、多元主体参与的新型社会治理模式,可将媒体传播优势转化为社会治理效能,进而推动国家治理现代化。

二、融合大数据是国家治理现代化的技术支撑

2017 年,习近平总书记在十九届中央政治局集体学习时指出:"要运用大数据提升国家治理现代化水平。要建立健全大数据辅助科学决策和社会治理的机制,推进政府管理和社会治理模式创新,实现政府决策科学化、社会治理精准化、公共服务高效化。"要把大数据作为国家治理的要素和手段,借助大数据、云计算,助力精准把握"大势所趋"和"人心所向",为国家治理提供数字支持和技术支撑,提升国家治理数字化、智能化水平,推动数字社会治理、智慧城市和数字中国的发展。但数据来自哪里? 在数字化生存时代,媒体融合形成的平台化媒体是重要的数据储存库和汇聚地。媒体融合的关键一环就是数据融合,打通数据壁垒,消除数据孤岛。媒体融合构建的全媒体传播体系平台,将政府部门公共服务数据和媒体数据连接整合,形成数据资源一体化,为科学决策和优化治理提供数据支持。此外,拥有大数据支持的全媒体传播体系平台还将成为政府为民服务的入口和公共服务的平

---

① 郭小安,赵海明.媒介化治理:概念辨析、价值重塑与前景展望[J].西北师大学报(社会科学版),2023(1):59-67.

台,提供新闻、政务、商务、服务等多元服务,提高公共服务的效率。中国式媒体融合在实现文化传媒产业自身高质量发展的同时,还因中国独特的传媒体制构建了"媒体－社会－国家"的融合互动,为完善国家治理体系和治理能力现代化提供信息和数据保障。

　　当前,以5G、工业互联网、物联网、人工智能等为代表的新一代数字技术动能强劲,正在推动媒体融合向纵深发展,成为国家治理现代化的重要推动力,而技术赋能也将助推中国的制度优势转化为治理效能。在此背景下,推进媒体融合向纵深发展是促进数字技术与国家治理全面融合的必然举措。在数字时代,对大数据的收集和加工能力不断提升,可以促进国家治理从经验主义的粗放治理方式向数据和智能驱动的精准治理方式转变,进而推动国家治理更加科学化。这就需要加强数字化党建、数字化法治建设、数字化政府建设和数字化社会建设。为此,中共十九届四中全会决定要"建立健全运用互联网、大数据、人工智能等技术手段进行行政管理的制度规则"。基于释放数字价值的根本动力是数据的融合流通和共享,新时期数字政府建设正改变过去的分散试点建设模式,重点从组织扁平化、业务协同化、数据融合化入手,致力于建成"线上线下"和"点对点"融合的一体化服务型政府,其核心使命是支撑国家治理现代化,关键环节是实现技术融合、业务融合、数据融合,重点方向是实现跨层级、跨地域、跨系统、跨部门、跨业务的协同管理和服务建设。

　　2023年2月《数字中国建设整体布局规划》的发布,为数字中国建设作出顶层设计和整体谋划,数字中国蓝图有了最全面的擘画。诚如该规划所言,建设数字中国是数字时代推进中国式现代化的重要引擎,是构筑国家竞争新优势的有力支撑。从这个角度来说,推进媒体融合,尤其是数字化智能化融合,是建设数字中国的核心内容之一,是推进中国式现代化的重要助力,这是媒体融合赋能治理现代化的内在逻辑驱动。因为在治理现代化视野下,媒体融合正在议题设置、政策框架、话语体系以及治理架构等方面系统发力,助力探索新型治理模式,推动治理现代化不断向高质量发展迈进,切实提升治理成效。这体现于媒体融合与党和国家共谋治理现代化总体议程,媒体融合深度融入新基建战略框架,媒体融合拓展多元化协同治理语境,媒体融合推动构建立体化治理结构。运用数字技术有效提高政府的信息收集和分析能力、舆情监测能力、舆情研判能力以及舆情引导和规制能力,已成为国家治理现代化的重要标志。以数字技术推进国家治理现代化建设的实施路径,需要直面数字技术带来的挑战,治理好数字经济新模式,需要利用好数字技术,赋能国家治理体系和治理能力的现代化建设。

　　媒体融合自 2014 年上升为国家战略以来,已从中央政策层面愈发深刻地嵌入国家治理体系和治理能力现代化的整体进程,中国媒体在实现自身演进变革的同时,持续为国家治理现代化提供强劲动力。显然,作为国家治理现代化的重要内容和任务,推进媒体融合向纵深发展,建立全媒体传播体系,既有助于推动媒体融合全面对接经济社会,尤其是数字社会发展的内在需求,更有助于推动媒体与社会、媒体与国家同构,从而完善国家治理体系,提升国家治理现代化。因为"全媒体传播体系在国家治理中提供了政治引领和政治传播、公共服务和公共秩序、公益平台和公益功能、传媒经济和产业经济,因而具备显著的政治性、公共性、公益性和经济性的价值"①。党中央不断从政策层面突出媒体融合的战略意义,加之新一轮科技革命和产业变革形成有力支撑,媒体深度融合进入政策议程,并加快向移动化、数字化、智能化趋势迈进,未来将加速推进媒体与社会、媒体与国家一体同构,加快数字中国建设,推进中国式现代化发展。

第四节　中国式媒体融合推进中国式现代化话语体系建构和传播

一、媒体融合协力构建中国式现代化话语体系

中国式现代化是中国共产党带领全国各族人民在中国特色社会主义建

---

① 高慧军．全媒体在国家治理中的价值及其实现机制[J]．中国行政管理,2020(12):97 - 103 + 137.

设的长期探索和实践中取得的重大理论成果,具有丰富的内涵特征。它立足于经济、政治、文化、社会、生态"五位一体"的整体布局,致力于建设物质文明、政治文明、精神文明、社会文明、生态文明协调发展的人类文明新形态。中国式现代化这一话语是在中国现代化建设的历史实践中形成的。当下中国迫切需要建构一套完整反映中国式现代化建设独特经验的话语体系并进行广泛传播,以建立中国式现代化话语的认同性,即建构一套阐述说明中国式现代化的话语体系。尽管中国式现代化建设已取得巨大成就,但中国式现代化话语体系的建构和传播却相对滞后,"有理说不出,说了传不开"的尴尬局面依然存在。通过媒体融合,建构面向国内外受众的全媒体传播体系,建设新型主流媒体,将助力构建中国式现代化话语体系,使中国式现代化言之有声、言之有力、言之有理,讲好中国式现代化故事,传播好中国式现代化声音,最终建构中国式现代化的国内国际认同。

习近平总书记曾指出:"我们在国际上有理说不清的一个重要原因,是我们的对外传播话语体系没有完全建立起来。"①媒体不仅是讲好中国式现代化故事的重要主体,也是传播好中国式现代化声音的重要渠道。中国式媒体融合就是要整合各类媒体资源,建构全媒体传播矩阵、体系和格局,壮大主流舆论阵地,充分发挥媒体的传播效能,使中国式现代化的故事和声音广为传播,让世界知道、理解、认同中国式现代化。这就需要统筹处理好传统媒体和新兴媒体、中央媒体和地方媒体、主流媒体和商业平台、国内媒体和海外媒体的关系,纵向贯通"中央级—省级—地市级—县级"四级媒体,横向突破网上、网下以及内宣、外宣二元结构,形成资源集约、结构合理、差异发展、协同高效的全媒体传播体系和全媒体传播格局,同时要建设有竞争力和影响力的新型主流媒体,率先占领对内、对外传播的制高点,对内、对外传播中国式现代化的好声音。

中国式媒体融合就是要把主流媒体做大做强,提高主流媒体的国际传

---

① 习近平.在党的新闻舆论工作座谈会上的讲话[EB/OL].(2016－02－19)[2023－07－25].http://www.xinhuanet.com/politics/2016－02/19/c__1118102868.htm.

播能力和影响力,壮大主流舆论,掌握国内事务乃至国际事务的话语权,打破西方现代化话语体系的话语垄断,改变中国在国际舆论场"失声""失语"的状况。就中国式现代化这一话语而言,最有话语权的是中国共产党,党领导下的主流媒体是党和国家的耳目喉舌,肩负着正面宣传引导、塑造主流舆论的重任,是传播主流意识形态和社会主义核心价值观的中坚力量,必须借助媒体融合挺进国际舆论主战场主阵地,讲好中国式现代化故事,传播好中国式现代化声音,回应西方国家对中国式现代化的质疑,澄清西方国家对中国式现代化的歪曲。因为只有通过媒体融合建构并掌握中国式现代化的话语权,才能为中国式现代化建设创造良好的国际舆论环境;只有通过媒体融合,建设全媒体传播体系和新型主流媒体,牢牢占据舆论引导、思想引领、文化传承、服务人民的传播制高点,才能掌握意识形态话语权。既要占领对内传播的制高点,也要占领对外传播的制高点。

二、媒体融合必须以强化意识形态安全为旨归

意识形态安全关系到党的前途命运、国家的长治久安、民族的凝聚力和向心力。基于党中央出台的媒体融合政策核心文件及相关表述,不难发现媒体融合任务有三:一是"建设具有强大凝聚力和引领力的社会主义意识形态",这是全党特别是宣传思想战线必须担负起的一个战略任务;二是"建立网络综合治理体系,营造清朗的网络空间";三是融媒体必须"善于运用互联网技术和信息化手段开展工作"。从执政党对意识形态工作的重视到互联网管理的加强,从意识形态安全相关法律制度的构建到党管媒体原则的强化,当前高度重视意识形态安全的政治生态,构成了推动媒体融合发展,尤其是传统媒体和新兴媒体融合发展政策选择的政治环境基础。中国当前以三个"意见"为核心,推动传统媒体和新兴媒体融合发展,创建一批新型主流媒体的媒体融合政策体系,其核心旨归在于通过改革与创新媒体管理,确保官方意识形态的主导地位。

为此,推进媒体融合发展,必须确立并强化马克思主义意识形态的根本地位,加强意识形态安全,建立融通中外的中国式现代化话语体系。党的二十大报告指出"意识形态工作是为国家立心、为民族立魂的工作。牢牢掌握党对意识形态工作领导权,全面落实意识形态工作责任制,巩固壮大奋进新时代的主流思想舆论"①,明确将意识形态安全置于国家安全现代化的层面加以把握,强调意识形态安全是整体国家安全的重要组成部分,增强维护国家安全的核心任务,就是坚定维护国家政权安全、制度安全、意识形态安全。因此,推进媒体融合要注重意识形态建设、网络安全与数字化功能的开发应用。中国式媒体融合是党从意识形态安全出发采取的国家战略,通过媒体融合,建设全媒体传播体系,壮大主流思想舆论,巩固社会主义意识形态和共同思想基础;通过媒体融合,让主流媒体成为中国精神的"传播者"和理想信仰的"引导者",正确传播主流意识形态和社会主义核心价值观,广泛凝聚中国人民的精神力量。

在媒介化社会,融媒体建设是国家的政治任务,是未来宣传、服务和进行社会治理的主要工具和手段。早在 2015 年,有学者在分析中国媒体融合政策的形成与建构过程时,就指出中央"推动媒体融合发展一开始就不是一个单纯的技术问题,而是与意识形态安全紧密相关的"②。政治学认为,政府允诺更好未来的意识形态、定期换届选举和政府治理绩效,是现代社会中三种理想型的,使国家权力合法化的途径。可以说,在中国媒体融合政策的形成与体系建构过程中,意识形态安全考量是贯穿始终的一条价值红线,与中国的政治体制和新闻体制,当前的政治生态及新闻政策的历史惯性密切相关,本质上是中国共产党新闻政策在新时期的延续和发展,是作为政策主体的执政党在新的执政环境下对技术驱动的媒体融合趋势作出的政策回应,核心目标是使官方倡导的意识形态在新的媒体格局中始终居于主流地位,发挥引领作用。

因此,中国式媒体融合肩负着特殊的国家和社会使命:首先是国内层面,媒体融合是为了做大做强主流舆论,维护马克思主义意识形态安全,服

---

① 习近平.高举中国特色社会主义伟大旗帜 为全面建设社会主义现代化国家而团结奋斗——在中国共产党第二十次全国代表大会上的报告[EB/OL].(2022-10-25)[2023-05-25]. https://www.gov.cn/zhuanti/zggcddescqgdbdh/sybgqw.htm.
② 陈昌凤,杨依军.意识形态安全与党管媒体原则——中国媒体融合政策之形成与体系建构[J].现代传播(中国传媒大学学报),2015(11):26-33.

务国家发展需要,尤其是国家治理现代化的需要;其次是国际层面,需要在国际传播格局中壮大实力、提高能力,全面提升国际传播效能,形成同我国综合国力和国际地位相匹配的国际话语权;最后是站在人类命运共同体的高度,助力世界各国全面进入网络时代,为推动人类网络新文明的进程贡献中国力量。① 当下,持续推进媒体融合向纵深发展,建立全媒体传播体系,核心使命在于提升国际传播能力,"主动宣介新时代中国特色社会主义思想,主动讲好中国共产党治国理政的故事、中国人民奋斗圆梦的故事、中国坚持和平发展合作共赢的故事,让世界更好了解中国"②,建立中国式现代化的国内外认同。

中国式现代化是中国共产党领导的以实现中华民族伟大复兴为目标的社会主义现代化,实现中国式现代化是新时代党和国家的中心任务。基于中国媒体融合政策和实践所发展出的中国式媒体融合,既是中国式现代化的重要组成部分,又是中国式现代化的重要基础支撑。中国式媒体融合经历了从市场竞合启动的媒体流程再造,到国家驱动的融入完善国家治理体系和治理能力现代化的驱动机制和内容变迁。推进媒体融合向纵深发展,实现媒体与社会、媒体与国家一体同构,是中国完善国家治理体系和治理能力现代化的重要战略举措。通过赋能经济社会高质量发展,赋能国家治理体系和治理能力现代化,中国式媒体融合将在实现中国式现代化的历史进程中发挥重要作用。

随着媒体融合被纳入国家治理体系和治理能力现代化建设,我国已初步形成中央、省、市、县四级的全局纵深融媒体网络,成为完善国家治理体系和治理能力现代化的战略性、基础性网络。实现中国式现代化,未来应继续推进媒体融合向纵深发展,全面建立全媒体传播体系并与国家治理体系从互构走向同构,全面赋能中国式现代化发展。未来媒体融合研究要强化引

---

① 参见方兴东,钟祥铭. 中国媒体融合的本质、使命与道路选择[J]. 现代出 版,2020(4):41 –47.

② 习近平. 在 2018 年全国宣传思想工作会议上的讲话[EB/OL]. (2018 – 08 – 21)[2023 – 05 –25]. http://media. people. com. cn/n1/2018/0823/ c40606 – 30245183. html.

领性、先导式、系统性理论建构研究,构建中国式媒体融合学术话语体系,更好地指导中国媒体融合实践,构建中国式现代化话语体系,为世界贡献西方之外的中国式现代化方案。中国式媒体融合如何契合我国社会的政治、经济与社会文化体系,"四全媒体"如何推进国家治理体系与治理能力现代化,中国式现代化如何赋能全媒体传播体系建设,将是新闻传播学研究与探讨的重点。

第二章

主流媒体的媒体融合

近年来,传媒业界和新闻传播学界围绕"主流媒体""媒体融合""主流媒体的媒体融合"的讨论非常热烈,可谓仁者见仁、智者见智。在研究主流媒体的媒体融合实践之前,首先必须界定"主流媒体"和"媒体融合"这两个关键概念。概念界定清晰后,才能更好地理解主流媒体与商业平台、传统主流媒体与新型主流媒体、媒体融合与媒介融合的区别,也便于深入研究主流媒体的媒体融合战略与实践。

第一节　何以主流媒体

从 2000 年开始,传媒业界和新闻传播学界就关于"主流媒体"展开了讨论和研究,学者们尝试回答"什么是主流媒体""主流媒体何以主流""如何打造新型主流媒体"等问题,对"主流媒体"的概念界定众说纷纭。

一、学者观点

周胜林认为,影响力大、起主导作用、能够代表或左右舆论的媒体,才能称为主流媒体。根据我国的国情,中央和各省市的党委机关报,中央和省市级的广播电台、电视台,毫无疑问都是主流媒体。①

刘建明认为,主流媒体绝不仅仅是对受众份额的占有,更不是硬性的订阅,而是负有引领受众思想,以其权威性指导受众思考方向的职责。它就像一面社会理念的旗帜在民众心里高高飘扬,让人们仰慕其消息的权威和灵通,欣赏它精彩的时事分析,追随其高屋建瓴的时代召唤。主流媒体的本质、核心和标志只有一个,就是以它的思想影响力受到社会主导阶层的关注,成为社会主流人群每天必阅的媒体。②

喻国明认为,主流媒体就是关注社会发展的主流问题,成为社会主流人群所倚重的资讯来源和思想来源的高级媒体。③

齐爱军认为,主流媒体是指在媒介文化生产的核心－边缘的文化生产机制的知识视野下对那种处于"核心"领域的、能起到议程设置作用的媒体的通称。④

二、判断标准

新华社"舆论引导有效性和影响力研究"课题组研究成果表明,判断"主流媒体"有六条标准:

(一)具有党、政府和人民的喉舌功能,具有一般新闻媒体难以相比的权威地位和特殊影响,被国际社会和国内社会各界视为党、政府和人民群众意志、声音、主张的权威代表;

(二)体现并传播社会主流意识形态与主流价值观,在我国,即社会主义意识形态和与之相适应的价值观,坚持并引导社会发展主流和前进方向,具有较强影响力;

(三)具有较强公信力,报道和评论被社会大多数人群广泛关注并引以为思想和行动的依据,较多地被国内外媒体转载、引用、分析和评判;

(四)着力于报道国内外政治、经济、社会、文化等领域的重要动向,是历

①　参见周胜林.论主流媒体[J].新闻界,2001(6):11－12.
②　参见刘建明.解读主流媒体[J].新闻与写作,2004(4):3－5.
③　参见喻国明.中国新闻出版报.2001年1月20日.
④　参见齐爱军.什么是主流媒体[J].现代传播,2011(2):50－53.

史主要发展脉络的记录者；

（五）基本受众是社会各阶层的代表人群；

（六）具有较大发行量或较高收听、收视率，影响较广泛受众群体。①

综合以上对"主流媒体"的概念界定和判断标准可以看出，学者们对主流媒体基本达成了一定的共识，即主流媒体是指行业地位高、社会影响力大、引导主流舆论、接触主流人群的媒体。在我国，中央级、省级和市级的党委机关报、广播电台、电视台都是主流媒体，例如以《人民日报》、新华社、中央人民广播电台、中央电视台等为代表的中央级媒体和各省市党报、电台和电视台。

第二节　媒体融合的根本遵循和内在逻辑

进入 21 世纪，互联网与新媒体的飞速发展给传媒业带来了深刻的影响和变革，移动网络传播成为时代发展的潮流趋势。在网络与新媒体的冲击下，主流媒体发展遭到前所未有的冲击。人们获取新闻资讯的渠道由报纸端、电视端、电脑端向移动端转移，报纸的读者、广播的听众、电视的观众都流向网络新媒体，成为网络新媒体的用户。中国互联网络信息中心发布的《第 34 次中国互联网络发展状况统计报告》显示，截至 2014 年 6 月，中国网民规模达 6.32 亿人，互联网普及率为 46.9%，中国网民的人均周上网时长达 25.9 小时。② 而《第 52 次中国互联网络发展状况统计报告》显示，截至 2023 年 6 月，中国网民规模达 10.79 亿人，互联网普及率达 76.4%，中国网

---

① 参见"舆论引导有效性和影响力研究"课题组. 主流媒体判断标准和基本评价［J］. 中国记者，2004（1）：10－11.

② 参见中国互联网络信息中心. 第 34 次《中国互联网络发展状况统计报告》［EB/OL］.（2014－07－21）［2023－12－15］. https://www.cnnic.cn/n4/2022/0401/c143－4936.html

民的人均周上网时长达 29.1 小时。①

　　主流媒体如何应对新的传媒格局和舆论生态成为一个重要的、紧迫的课题。在此严峻形势下，以习近平同志为核心的党中央及时提出媒体融合战略，指导主流媒体改革创新，转型发展。

一、媒体融合的根本遵循

　　从 2013 年开始，习近平总书记在多次重要会议上就媒体融合发表重要论述，为主流媒体进行媒体融合指引了正确的方向，成为主流媒体进行媒体融合的根本遵循。

　　2013 年 8 月 19 日，习近平总书记在全国宣传思想工作会议上指出："很多人特别是年轻人基本不看主流媒体，大部分信息都从网上获取。必须正视这个事实，加大力量投入，尽快掌握这个舆论战场上的主动权，不能被边缘化了。加快传统媒体和新兴媒体融合发展，充分运用新技术新应用创新媒体传播方式，占领信息传播制高点。"②

　　2014 年 8 月 18 日，中央全面深化改革领导小组第四次会议审议通过了《关于推动传统媒体和新兴媒体融合发展的指导意见》（以下简称《意见》），媒体融合成为党中央巩固宣传思想文化阵地，壮大主流思想舆论的国家战略。《意见》指出，推动传统媒体和新兴媒体融合发展，是落实中央全面深化改革部署，推进宣传文化领域改革创新的一项重要任务，是适应媒体格局深刻变化，提升主流媒体传播力、公信力、影响力的重要举措。《意见》强调，推动媒体融合发展，要遵循新闻传播规律和新兴媒体发展规律，强化互联网思维，坚持正确方向和舆论导向，坚持统筹协调，坚持创新发展，坚持一体化发展，坚持先进技术为支撑。《意见》提出，要按照积极推进、科学发展、规范管理、确保导向的要求，推动传统媒体和新兴媒体在内容、渠道、平台、经营、管理等方面深度融合，着力打造一批形态多样、手段先进、具有竞争力的新型

　　①　中国互联网络信息中心.第 52 次《中国互联网络发展状况统计报告》[EB/OL]. (2023 - 08 - 28) [2023 - 12 - 15]. https://www.cnnic.net.cn/n4/2023/0828/c88 - 10829.html.
　　②　人民网.积极探索传统媒体与新兴媒体融合发展[EB/OL]. (2023 - 10 - 23) [2023 - 12 - 16]. http://baijiahao.baidu.com/s? id = 1780507481444046171&wfr = spider&for = pc.

主流媒体,建成几家拥有强大实力和传播力、公信力、影响力的新型媒体集团,形成立体多样、融合发展的现代传播体系。要一手抓融合,一手抓管理,确保融合发展始终沿着正确的方向推进。①

2016 年 2 月 19 日,习近平总书记在党的新闻舆论工作座谈会上指出:"融合发展关键在融为一体、合而为一",指出"要推动融合发展,主动借助新媒体传播优势",强调"内容永远是根本,融合发展必须坚持内容为王,以内容优势赢得发展优势",要求"尽快从相'加'阶段迈向相'融'阶段,从'你是你、我是我'变成'你中有我、我中有你',进而变成'你就是我、我就是你',着力打造一批新型主流媒体"。②

2019 年 1 月 25 日,习近平总书记在中共中央政治局第十二次集体学习时强调:"要坚持一体化发展方向,加快从相加阶段迈向相融阶段,通过流程优化、平台再造,实现各种媒介资源、生产要素有效整合,实现信息内容、技术应用、平台终端、管理手段共融互通,催化融合质变,放大一体效能,打造一批具有强大影响力、竞争力的新型主流媒体……要坚持移动优先策略,建设好自己的移动传播平台,管好用好商业化、社会化的互联网平台,让主流媒体借助移动传播,牢牢占据舆论引导、思想引领、文化传承、服务人民的传播制高点。"③

2020 年 6 月 30 日,习近平总书记主持召开的中央全面深化改革委员会第十四次会议审议通过了《关于加快推进媒体深度融合发展的指导意见》,会议强调,推动媒体融合向纵深发展,要深化体制机制改革,加大全媒体人才培养力度,打造一批具有强大影响力和竞争力的新型主流媒体,加快构建网上网下一体、内宣外宣联动的主流舆论格局,建立以内容建设为根本、先

①　参见人民网.推动传统媒体和新兴媒体融合发展指导意见审议通过[EB/OL].(2014 - 08 - 21)[2023 - 12 - 16].http://culture.people.com.cn/n/2014/0821/c172318 - 25511854.html.

②　参见中国共产党新闻网.习近平谈媒体融合发展:关键在融为一体、合而为一[EB/OL].(2018 - 08 - 22)[2023 - 12 - 16].http://CPC.people.com.cn/n1/2018/0822/c164113 - 30242991.html.

③　参见中国政府网.习近平:加快推进媒体融合发展 构建全媒体传播格局[EB/OL].(2019 - 03 - 15)[2023 - 12 - 17].http://www.gov.cn/xinwen/2019 - 03/15/content_5374027.htm.

进技术为支撑、创新管理为保障的全媒体传播体系,牢牢占据舆论引导、思想引领、文化传承、服务人民的传播制高点。①

以上关于媒体融合的政策和论述只是从关于媒体融合的众多政策和论述中挑选出来的一部分,由于其极具重要指导意义,在媒体融合的研究中被引用较多,在媒体融合的实践中被坚决遵循。

二、媒体融合的内在逻辑

厘清媒体融合的内在逻辑,就是要探寻媒体融合的驱动机制,从而更好地理解媒体融合战略。由于不同国家的政治体制、经济体制、媒介制度有所不同,媒体融合的内在逻辑也会有所差异。

李黎丹认为,政治逻辑、技术逻辑、社会逻辑、市场逻辑是中国主流媒体融合发展的逻辑。政治逻辑是媒体融合的根本驱动,技术逻辑是媒体融合的创新动能,社会逻辑是媒体融合的模式再造,市场逻辑是媒体融合的触点重构。②

窦锋昌、傅中行、李爱生认为,技术、政治、市场和管理这四大逻辑贯穿全局,其交融与博弈影响了融合的进程和趋向。技术是媒体融合的底层逻辑,政策是媒体融合的纲领性力量,市场是媒体融合的基础性动力,管理是媒体融合的资源配置。③

卞天歌、郭淑军认为,技术逻辑、政治逻辑、市场逻辑是媒体融合发展的三重逻辑。技术逻辑是媒体融合的底层支撑,政治逻辑是媒体融合的主导方向,市场逻辑是媒体融合的动力牵引。④

顾烨烨、方兴东认为,考察媒体融合,技术逻辑和资本逻辑是最自然的

①　参见中华人民共和国国家互联网信息办公室.以先进技术为支撑 推动媒体融合向纵深发展[EB/OL]. (2020 - 07 - 20)[2023 - 12 - 17]. http://www. cal. gov. cn/2020 - 07/20/c_1598622207325131. htm.

②　参见李黎丹.中国主流媒体融合发展逻辑探析[J].廊坊师范学院学报(社会科学版),2023(2):5 - 14.

③　参见窦锋昌,傅中行,李爱生.中国媒体融合十年历程研究[J].青年记者,2023(11):57 - 62.

④　参见卞天歌,郭淑军.媒体融合发展的三重逻辑与六维进路[J].中国出版,2023(11):30 - 34.

视角,而政治逻辑往往作为一种外部因素来考量。但是,基于中国发展的阶段和社会主义体制,着眼于公共利益、社会利益和国家利益的政治逻辑,正是主导中国媒体融合进程最重要的内在逻辑。①

综上所述,学者们关于媒体融合的发展逻辑基本达成共识,观点大同小异,都把政治逻辑、技术逻辑、市场逻辑归纳为中国媒体融合的发展逻辑。其中,顾烨烨和方兴东的观点最具代表性,即政治逻辑才是主导中国主流媒体融合发展最重要的内在逻辑。按照政治逻辑,中国的媒体融合本质上采取的是国家驱动机制,主流媒体在国家的媒体融合战略驱动和指引下,遵循媒体融合政策,占领互联网舆论阵地和信息传播制高点。

第三节 媒体融合的发展历程和现实状况

一、媒体融合的发展历程

方兴东认为,中国的媒体融合是从 1994 年中国接入互联网开始的,至 2024 年已经走过 30 年的历程,经历了 1990 年至 2000 年的探索阶段,2000 年至 2010 年的初级阶段,2010 年至 2020 年的升级阶段和 2020 年以来的深融阶段。②

更多学者认为,中国的媒体融合是从 2014 年媒体融合正式上升为国家战略开始的,2014 年为媒体融合元年,因此 2023 年是媒体融合 10 周年。这也是笔者认同的观点。

十年磨一剑,在这媒体融合 10 年里,我们大致可以将其进路分为"简单相加"阶段、"相互融合"阶段、"深度融合"阶段。

---

① 参见顾烨烨,方兴东.中国媒体融合 30 年:基于政策的视角[J].传媒观察,2023(6):13－24.

② 参见顾烨烨,方兴东.中国媒体融合 30 年:基于政策的视角[J].传媒观察,2023(6):13－24.

（一）"简单相加"阶段（2014 年至 2015 年）

在"简单相加"阶段，即媒体融合战略的初级阶段，以《人民日报》为代表的中央级主流媒体率先响应党和国家的号召，地方主流媒体纷纷紧随其后，贯彻落实媒体融合战略。具体表现在"主流媒体＋互联网"促使传统主流媒体在短时间内上线多种新媒体形态，一方面入驻第三方新媒体平台，开通并运营微博号、微信号、今日头条号等新媒体账号，另一方面打造自主可控新媒体平台，如客户端 App。"两微一端"基本上成为各主流媒体的标配。这一阶段的主要特点是主流媒体与互联网的简单相加，传统主流媒体向新型主流媒体转型发展，尽管初步建成新媒体矩阵，但是多种新媒体形态处于独立运营的状态，尚未形成一个传播体系。

（二）"相互融合"阶段（2016 年至 2019 年）

在"相互融合"阶段，即媒体融合战略的中级阶段，主流媒体从量变走向质变，从"简单相加"走向"相互融合"，为了解决"相加"阶段各自为战的问题，主流媒体采取"中央厨房"式的采编系统，统一调度，实现"一次采集、多种生成、多元发布"。这一阶段的主要特点是主流媒体旗下的报、网、端、微、云等多种新媒体形态融为一体，合而为一，构建现代传播体系。

（三）"深度融合"阶段（2020 年至 2023 年）

在"深度融合"阶段，即媒体融合战略的高级阶段，主流媒体从"相互融合"走向"深度融合"，媒体融合战略向纵深发展，推动中央级、省级、市级、县级四级融媒体中心建设，打造全媒体传播体系，特别是县级融媒体中心建设，打通最后一公里。

二、媒体融合的现实状况

习近平总书记在党的二十大报告中指出，要加强全媒体传播体系建设，塑造主流舆论新格局，巩固壮大奋进新时代的主流思想舆论。这为主流媒体的改革发展指明了前进方向，确立了行动指南。深入贯彻党的二十大精神，着力打造全国头部新媒体平台，加快建设现代新型主流媒体集团，是当前和今后一个时期新闻战线的根本任务。①

从 2023 年 4 月至 8 月,笔者深入走访新华社、人民日报社、中国日报社、湖南日报社、宜春日报社、共青城市融媒体中心等新闻单位,联系湖北宜昌三峡融媒体中心、江苏张家港市融媒体中心、浙江湖州市新闻传媒中心、福建尤溪县融媒体中心、贵州贵阳市融媒体中心等单位,学习湖北日报社、大众日报社、南方日报社等单位经验,对部分央媒、省级、市级、县级融媒体平台发展的典型案例数据分析,探索中国式现代化媒体深度融合的新路径、新话语、新措施、新流程、新形态、新机制。

（一）基本情况

党中央高度重视和不断推进媒体融合发展,陆续出台的《关于推动传统媒体和新兴媒体融合发展的指导意见》《关于进一步加快广播电视媒体与新兴媒体融合发展的意见》和《关于加快推进媒体深度融合发展的意见》指明了媒体融合发展的方向和路径,从"推动媒体融合发展"到"加快媒体融合发展"再到"加快推进媒体深度融合发展",媒体融合这一国家战略得到有效执行与落地。全国各级主流媒体从自发探索到自觉推进,媒体融合的长远目标和战略意图已经明确,媒体融合的发展路径和实施方法已经清晰,媒体融合的强大效能和实际效果已经显现。

历时 10 年,各级党委和政府严格按照党中央的媒体融合发展战略部署,坚持正确方向,坚持一体发展,坚持移动优先,坚持科学布局,坚持改革创新,全力支持媒体融合发展。中央级媒体、省级媒体、市级媒体和县级融媒体中心四级融合发展布局已经形成,涌现出一批敢于创新探索并圆满完成转型发展的新型主流媒体,诞生了几家实力雄厚的新型传媒集团。

自 2014 年以来,主流媒体特别是党媒作为传媒行业的主力军,挺进互联网主战场,尝试着与互联网相加相融,借助网络与新媒体平台构建新媒体矩阵。经过不断努力,逐渐在互联网主战场上占领主阵地和制高点。补齐了渠道这一短板后,主流媒体运用互联网思维优化新闻生产流程,既延续自身

---

① 双传学.建设现代新型主流媒体的思与行[J].青年记者,2023(07):84-87.

特有的权威专业内容优势,又发挥互联网移动快捷传播特点。在内容采集、内容生产、内容分发、技术运用、渠道开发、运营管理等方面的创新探索推动了主流媒体的媒体融合和转型发展,成效显著。

2022 年以来,中央级、省级媒体逐渐优化升级,在互联网语境下积极探索新媒体技术应用,扎实推进内容供给侧改革,形成头部力量。地市级媒体重点推进媒体深度融合。内蒙古、江西、贵州、甘肃、新疆、湖北、云南等省(区)的地市级融媒体中心先后挂牌成立,2023 年 8 月,江西已经实现全省11 个设区市成立融媒体中心格局。我国媒体融合格局向全媒体传播体系建设发展,已基本建立起中央级、省级、地市级、区县级四级融媒体中心的纵向发展链条,呈现媒体全方位共建态势。①

全国各级主流媒体加快建设全媒体传播体系,主流思想舆论持续巩固壮大,社会主义核心价值观广为弘扬,人民群众的文化需求得到更好满足。逐步构建网上网下一体、内宣外宣联动的主流舆论格局,基本建成了以内容建设为根本、以先进技术为支撑、以创新管理为保障的全媒体传播体系。②

(二)主要做法

近年来,全国各级党媒按照中央统一部署,高度重视推进媒体融合工作,坚持与新兴媒体的一体化发展,着力创新体制机制,实施移动优先战略,加强内容生产,提升技术支撑能力,构建全新的融媒生态系统,不断彰显主流媒体的传播力和影响力。

1. 主流舆论阵地让主流声音愈加响亮

推动媒体深度融合发展,构建全媒体传播体系,既是党媒做好意识形态工作的战略要求,也是壮大主流舆论的紧迫任务。③

新华社、人民日报社、中央广播电视总台、澎湃新闻、芒果 TV、南方 +、新湖南、江西新闻、潮新闻……传统媒体不断探索打造新平台。南方 + 客户端下载量达到 3 亿多,拥有 300 多个频道,日活跃用户数达 580 万,年发稿量超

① 易欣. 县级融媒体中心助推乡村振兴的路径研究[J]. 全媒体探索,2023(08):97 - 99.
② 张坤. 中国青年报:媒体融合纵深发展新定位[J]. 中国记者,2020(08):50 - 55.
③ 张晓红. 党报 10 年融合发展的历史脉络与创新实践[J]. 传媒观察,2023(01):50 - 59.

过 117 万篇,牢牢占据广东第一移动发布平台的地位;江西新闻客户端下载
达到 2000 万,"赣鄱云"覆盖用户突破 1.5 亿人次;北京日报客户端"长安街
知事"持续输出"爆款"文章,全网订阅用户超 3000 万,获得第三十届中国新
闻奖"新闻名专栏"一等奖;浙江省 2022 年 5 月将"浙江宣传"微信公众号作
为"破冰快艇"率先出发,粉丝已经将近 300 万,2023 年 1 月 18 日成立"传播
大脑",再到 2 月 18 日,省级重大新闻传播平台启动暨潮新闻客户端上线,浙
江传媒界深刻变革的步伐不断加快;湖州融媒体中心加强全媒体传播体系
建设,2023 年 6 月,在浙江省市级新闻客户端排名中位列第一,上线智慧服
务 118 项,累计装机量突破 320 万,日活跃用户数超 10 万。

　　全国各级媒体聚焦主责主业,将内容生产传播作为安身立命之本,紧紧
围绕中心、服务大局,不断壮大主流思想舆论阵地,传播好党和政府的声音,
展示好社会进步的主流,反映好人民群众的呼声,一步步做到了引导人、影
响人。

　　2. 体制机制创新重塑采编发流程

　　从党委政府,到媒体本身,全国各级媒体高度重视,加强顶层设计,坚持
一体化发展方向,不断创新激励机制,建立全媒体内容考评机制,动员全员
参与融媒体产品研发,量化全媒发稿指标考核,改革身份薪酬待遇,激活了
媒体融合的内生动力,为加快媒体融合,促进融合发展提供了强有力的机制
保障。

　　近年来,"中央厨房"担负"改革载体"的重要角色,促进了全媒体建设,
实现了"一体化"目标,在重塑采编发流程、构建"融为一体、合而为一"的全
媒体传播格局方面起到了积极作用。

　　在全国来说,从新华社媒体大脑、现场云,到《人民日报》"中央厨房",再
到"《新华日报》交汇云""《湖南日报》新湖南云""《江西日报》赣鄱云""《南
方日报》南方智媒云""《内蒙古日报》草原云""《河南日报》大河云"等省市
级融媒体智慧平台,省(市、区)各自建立媒体云和"中央厨房"调度中心,全
媒体采编流程不断完善和成熟。

　　江西日报社自 2018 年起先后投入 1000 多万元,通过新技术对新闻生产

全流程赋能,构建统一指挥、调度、生产的中心化管理体系。通过"赣鄱云"系统,完成"一次采集,多元发布",完全实现融媒报道;云南日报建设全媒体中心,实现集团内部和外部信息资源的整合、分析和有效利用,建立起高效协同的策划机制和集团全媒体指挥调度机制,"报、刊、网、端、微、号、屏"协同联动,"采、编、印、发、播、管、控"一体化运行,实现"统一策划,一次采集,多元生成,差异表达,全媒传播"。

3."移动优先"成为第一定律

"移动优先"已成为所有媒体融合发展的基本共识,主要包括建设自主可控平台和依托第三方平台建设端口矩阵等。坚持"移动优先"策略就是推动采编主要力量向移动端转移,着力提升内容品质,让主流媒体占据传播制高点。

在数字技术、网络技术、移动技术和智能技术快速发展的背景下,"移动优先"成为媒体机构实现有效传播的"第一定律",各媒体推动以移动端为重点的采编流程再造,将内容、技术、资金、人才等资源要素向移动端倾斜,形成先网后报、先短后长、先快后深的指挥调度体系,抢占先发优势。

南方日报社坚持"移动优先",推动采编主要力量向移动端转移,以南方+客户端为切入点,建设适应新型主流媒体建设要求的自有传播平台。北京日报社打通日报、晚报两大编辑部,建立全天候融媒体采编流程。新京报社积极建设全媒体传播矩阵,实施视频优先战略,超 1/3 内容产品采用视频方式制作。

自 2021 年 6 月 1 日起,《河南日报》考核机制按照"移动优先"原则进行全面改革,采编人员的工作绩效以移动端的传播效果为首要评价依据,进一步加快推动记者编辑向全媒体转型。集团在微博、微信、抖音、快手、今日头条等主要第三方平台上已培育出近 30 个粉丝量达 100 万以上的账号。

4.四级融合发展布局已经形成

2020 年 9 月中办、国办印发的《关于加快推进媒体深度融合发展的意见》,以习近平总书记关于以"全程、全息、全员、全效"为特征的"全媒体"的理论概括为指导,提出了建设全媒体传播体系的发展目标,并强调要完善中央媒体、省级媒体、市级媒体和县级融媒体中心四级融合发展布局。此后，"推进国家、省、市、县四级融媒体中心（平台）建设"被写入了国家"十四五"规划。①

融合过程中，县级媒体上拓通道，以放大声量；省级媒体需下展网络，以夯实基础；市级媒体建立承上启下的渠道，以做大做强区域优势。省、市、县三级大力扭转单打独斗、同质化竞争的局面，以共建、共享、共赢构建省域一体化传播体系，实现媒体资源效益最大化。

以融媒共享联盟为抓手，浙报集团顺势而为，全省抱成团，对外一个端，打造一个潮新闻客户端引领的，全省 101 个市县媒体共通、共建、共融的新平台。"看浙江"频道中的"潮联盟"栏目可直通省、市、县三级媒体界面；在潮新闻客户端后台，统筹使用的是"浙江宣传"稿库、省级广电新闻媒资、11 个市融媒体、90 个县融媒体及 1926 家共享联盟、各类政务账号和优质自媒体账号等资源。② 浙报集团在纵向打通中央、省、市、县四级网络，建设省域主流舆论传播新格局上进行了有益探索，谋求更大的发展空间。

内蒙古广播电视台创新运行机制，充分发挥省级媒体在四级媒体联动中的关键作用，为推进媒体融合向纵深发展，实现全区宣传"一盘棋"。河南广电利用客户端聚合全台新闻产品、媒介资源、生产要素等，打通直播频道、IPTV、有线电视和县级融媒体中心四大平台，构建了省、市、县一体化传播格局。黑龙江广播电视台构建融媒体智能生态圈，以打造极光新闻客户端为牵动，推进省、市、县融媒平台的贯通工作。

南粤融媒云平台与省域内县级融媒体中心实现协同互动，打造省、市、县、镇、村五级联动，开创媒体融合发展新模式。山东省台将融媒经验和优秀做法赋能全省市、县（区）级融媒中心和各级账号，与 136 个县市区融媒中心实现数据互通、版权分发，打通内容、用户、数据，带领全省共同生产爆款作品，形成"全省一盘棋，共享一朵云"的格局，彰显出媒体融合矩阵效应。

---

① 杨驰原.我国地市级媒体深度融合发展研究报告[J].传媒,2022(22):9-15.

② 李扬.主流媒体打造自主可控平台创新之路[J].新闻战线,2023(18):51-57.

5. 全媒体传播体系日趋完善

党的二十大报告中指出,要加强全媒体传播体系建设,塑造主流舆论新格局,巩固壮大奋进新时代的主流思想舆论。建设全媒体传播体系,是推进国家治理体系和治理能力现代化的重要一环,"新闻＋政务""新闻＋服务""新闻＋商务"等功能有利于打通传播体系与社会治理体系,以媒体融合发展助力社会治理创新。

中央广播电视总台高度重视全媒体传播体系建设,打造涵盖网站、客户端、手机电视、IPTV、互联网电视、户外电视等自主可控、具有强大影响力的新媒体新平台。目前,总台推出的首个国家级5G新媒体平台"央视频"已经达到亿级传播规模,下载量突破5亿次,激活用户数超2亿;"央视新闻"正着力打造全网新媒体直播第一品牌、新闻类短视频第一平台,其新媒体全网用户总数已超9.3亿;云听客户端不断丰富和拓展收听场景,用户量近2亿人;"央视网"全球覆盖用户已超20亿人次。总台新媒体平台矩阵正以强大的融合传播优势,扩大主流价值影响力版图。①

内蒙古日报社通过流程建设、内容生产体系建设、全媒体队伍建设与考核优化、技术平台打造、传播矩阵构建等8个方面的建设,加快全媒体传播体系建设,持续提升传播力和影响力。经过近8年的媒体融合发展,内蒙古日报社全媒体传播体系已经初步建成,影响力、传播力逐年提升,已成为具有较强竞争力和影响力的新型主流媒体。草原客户端累计下载量超过1000万。

浙江广电做活特色,构建全媒体传播体系,组建升级集团融媒体新闻中心,积极培育运营中国蓝新闻、中国蓝TV、北高峰、喜欢听等重点客户端,总用户数近1亿。全力打造"美丽浙江""黄金眼融媒""浙样红TV""牛视频"等特色新媒体品牌,孵化培育"新闻姐""小强说""舒中胜""我是方雨"等"广电名嘴"新闻IP。浙江卫视全网聚拢粉丝超1.8亿,"美丽浙江"位列抖

---

① 胡劲军.构建全媒体传播体系 奋力打造国际一流新型主流媒体[J].传媒,2023(21):12－13.

音平台地方政务发布类账号第一;"新闻姐"跃居抖音平台全国广电新闻个人IP第一。

新京报社主攻"大端、大号、大阵",全力推进全媒体传播体系建设。借助新技术,丰富社交化、智能化、移动化的产品矩阵,增强用户体验,增加用户黏性,实现由"平面媒体"到"立体媒体""沉浸式媒体"的升级。① 目前,新京报全网覆盖人群已超2.8亿,日均传播流量近5亿,其官方微博粉丝量达4700余万,对新媒体账号矩阵实行了精细化管理。

6.融合转型重构经营模式

只有重构经营模式,才能推进媒体融合转型发展。当前,媒体与社会多元链接越来越明显,由内部融合走向内外兼融,由媒体"小循环"走向社会"大循环",各媒体正在努力打造联结各方资源、服务社会公众的强枢纽、大平台,在开放协作中拓宽产业发展路径。②

在做强新闻主业、坚持采编经营两分开基础上,媒体依法依规在宣传推广、文化旅游、电子商务等领域拓展产业链条,可以增强用户黏性和造血功能,服务地方发展。

新华报业牢固树立跨界共生发展理念。2018年到2022年,集团利润总额年均增长35.72%,其中,与江苏交通控股共建江苏交通文化传媒公司,成为全国首个"传媒+交通"的融合案例。

绍兴"越牛新闻"客户端通过发放消费券迅速增粉;海宁"大潮"客户端,上线"潮豆豆""海宁12楼""潮市街"等应用,其中"潮豆豆"消费平台已入驻商家202家,有150多家单位员工注册使用。

张家港融媒体中心独家代理了张家港高铁站内的媒体资源及高铁贵宾室(张家港)的运营权,探索"县级融媒+头部电商"新模式,建设了全国第一个县级融媒体中心·京东直播基地。张家港市大数据有限公司不断加快推动市场化运作,力争到"十四五"末,实现年营收突破一亿元。

---

① 周文摇.5G背景下主流媒体融合转型的可能性分析[J].新闻战线,2019(03)66-68.
② 双传学.建设现代新型主流媒体的思与行[J].青年记者,2023(07):84-87.

尤溪融媒体中心突破地域限制,发挥影视团队的专业优势,在全国范围承接纪录片、宣传片等影视拍摄业务,足迹遍布浙江、湖北、四川、云南、新疆等 20 多个省、区、市。依托优质内容,拓展内容外延,尤溪融媒体中心打造了"朱子文化非遗展示体验馆""朱子茶文化陈列馆"品牌 IP,实现内容变现。

7. 丰富场景渠道,不断拓展传播广度

传统媒体开始打破原本相对封闭的体系,以更加开放的姿态发挥新平台作为"超级端口"的接入能力,探索"新闻 + 政务服务商务"的科学定位,形成"传媒 + 文化产业""传媒 + 政务""传媒 + 商务"等多场景、破圈层的新型媒体生态圈,打通各类社会资源,实现自我超越和发展。

浙江温岭"掌上温岭"客户端开设"村社传播通"应用,以村社为单位,搭建感知决策、精准传播、民意反馈、治理提升四大场景,实现信息高效共享、精准触达。南方 + 客户端陆续邀请了 7000 余家政务号,一大批教育、公安、健康等系统矩阵及 1.5 万余名新媒体运营者入驻,打造了丰富多元的"南方号"。

北京 3 家市属媒体客户端分别开设"北京号""时间号""新京号",推动市直部门和区政府入驻,完善政务公开、政务办事、政策查询等功能,开展教育、医疗、养老等民生服务业务,实现从"信息提供者"向"城市服务者"拓展;17 个区级融媒体中心把区内政务资源"一网打尽",打造面向社区的融媒体公共服务平台,与本区用户建立强联系,让群众用得上、用得好;"掌上海淀"客户端成为海淀区移动政务门户和服务企业群众的总入口;丰台区融媒体中心拥有 350 余个社区近千名融媒内容创作生力军。①

三峡融媒体中心平台集成运行市县两级融媒中心、政务网站、移动政务新媒体和报网微端多种载体(市县两级融媒体中心、市县两级市民服务热线、市县两级政务网站集群、市县两级移动政务新媒体、报网微端屏),形成市县一体化发展的主流舆论阵地建设格局。

8. 融合发展助力社会治理创新

建设全媒体传播体系是推进国家治理体系和治理能力现代化的重要一

---

① 莫高义.坚持守正创新,全力打造首都新型主流媒体[J].新闻战线,2023(05):4-8.

环。客户端的"新闻＋政务""新闻＋服务""新闻＋商务"等功能有利于打通传播体系与社会治理体系，以媒体融合发展助力社会治理创新，体现媒体传播温度。

从媒体融合到媒体深度融合，最终走向媒体与社会融合，未来发展趋势就是媒体与社会一体同构，全媒体传播体系与社会治理体系合而为一。因此，媒体融合与社会治理本质上存在着内在的勾连。媒体的功能从信息传播到社会治理，媒体的角色从治理工具到治理主体，治理的理念从媒介治理到媒介化治理，媒体嵌入社会治理体系，与其他社会治理主体协同共治已在政界、业界和学界达到共识。

大众日报客户端于2021年4月为山东省泰安市泰山先锋慧治服务中心搭建"泰山先锋慧治服务平台"，将泰山区原来分散的治理资源集合，各职能部门协同共治，线上的一平台（泰山先锋慧治服务平台）与线下的一中心（泰山先锋慧治服务中心）相结合，解决人民群众的问题，成为媒体融合赋能社会治理的榜样。

南京报业传媒集团为了了解政情民意，回应社会关切，于2022年初推出"听语＋"平台，加强网民、媒体与政府部门的联系，"一站式"公开解决民生问题。

江西日报社大江网"问政江西"和江西广播电视台"赣问"是继以往传统的报纸问政、电视问政之后逐渐兴起的网络问政平台，连接政府部门、媒体和网民，回复率、及时率、满意率等问政大数据督促政府部门及时回复和解决网民提出的问题。网络问政平台是媒体融合的产物，也是社会治理的场域，能有效及时地化解社会矛盾和风险事件。

湖北宜昌智慧党建云平台实现全市1万多个基层党组织、近30万党员信息全覆盖，媒体搭建运维线上智慧党建平台＋线下培训指挥中心，实现全市基层党组织的日常工作全程在线办理。宜昌三峡新闻传媒中心还与纪检监察机关联合建设了"清廉宜昌"融媒体传播平台，实现对全市纪检监察系统多媒体平台内容的一次采集、多元生成、全网传播，建成湖北省市州纪检监察系统首个深度融合、数字赋能的融媒体传播平台，融合传播影响力跃居全省首位。此外,还有三峡云客户端、宜格服务客户端、宜昌发布、媒体微信接入 200 余项"政务 + 服务"事项,全媒体传播和服务功能体系得到有效完善。

9. 服务群众成为党媒重要功能

服务群众、服务人民成为党媒的重要功能。新型主流媒体正在发挥资源和内容专业优势,以智库建设服务大局、连接群众、服务群众。

各级党媒提升服务群众的各项能力,以平台建设为抓手,提升区域和专项治理水平与治理能力,把省市县的政务服务、民生服务、社区服务打通对接,既能作为党和政府提供政务服务的端口,聚合各类综合服务能力,还能成为信息沟通枢纽,盘活社会资源。①

浙江湖州市新闻传媒中心与水务集团、燃气公司合作,上线水费缴纳、燃气充值服务;与体育局合作,实现全市体育场馆预订、购票、支付功能;与省教育信息中心合作,升级"金色年华 2.0",打造在线云学习场景……不断推出家庭服务、学习大擂台、八点秒得购物中心等服务群众的有效平台。

以民声为导向,做政府治理最强外脑,湖州市新闻传媒中心的"看见"运行一年来,共办结民生问题 1 万余件,累计 6000 多万人次参与互动交流,突出解决了电线杆、桥下空间等问题,先后获央视《新闻联播》《焦点访谈》报道,同时打造了社区信息枢纽,精准服务社区居民,将垃圾分类、绿色文明生活、家庭服务、社区团购、居委会通知等高频刚性需求加入新版本中。

10. 数字赋能成为融合发展的时代特征

科技进步推动人类社会从信息社会迈入数字社会,5G、大数据、云计算等数字技术掀起一股数字化浪潮,改变了生产方式、生活方式和传播方式,创造了数字化生产、数字化生活和数字化传播等数字时代特征。

数字技术已经成为媒体融合发展的重要推手,各级主流媒体不再简单追求流量,而是顺应数字时代的发展,以数字技术赋能媒体融合、内容生产、

---

① 杨海霞.建好融媒体云平台 重构媒体新生态[N].中国新闻出版广电报,2020 - 04 - 09(04).

创新表达,使数字技术这一变量成为媒体融合发展的增量,锚定更强的资源统合能力和更为数字化、智能化的发展策略。

浙江省安吉县融媒体中心为加强数字化建设,专门成立了浙江文澜信息发展有限公司,该公司与华为技术有限公司等合作研发数智化技术,服务政府数字化治理,参与城市智慧化运营,并向县外输出各类智慧产品。内外兼修让数字化建设收入连年攀升,2022 年营收达到 4.87 亿元,2023 年营收达到 6.67 亿元,成为县级融媒体中心的典型榜样。

三峡融媒体中心畅通市民服务热线,建设全媒体诉求主通道,建设运维 12345 宜昌市民服务热线智慧联动服务平台 ,助力媒体数字化建设,实现与人民群众的在线互动。

（三）面临的问题

纵观媒体融合的十年历史进程,我们不难发现,主流媒体的媒体融合从"简单相加"到"相互融合"再到"深度融合",走出了一条具有中国特色的融合路径,所取得的成绩有目共睹。但是,我们也发现,在主流媒体整体好转的形势下,有些媒体存在一些问题和困境。

在推进媒体深度融合的过程中,有的媒体把握不住大趋势,有的媒体没有留住人才,有的媒体没有技术支持,有的媒体只是表面融合,有的媒体还停留在自我为中心等等。互联网已经带来传播领域生产力的革命性发展,主流媒体的传播体系、发展方式、组织动员能力跟不上发展的节奏和步伐,怎么和受众强回归、强连接,这是时代课题。

1. 年轻群体对其关注度不高

大家对媒体融合发展规律的认识不断深化,其中重要的一条就是充分意识到要把党媒传统优势转化为网络传播优势,积极进军互联网主阵地,破译"厚重理论、轻巧传播"的制胜密码,努力让党的创新理论和宣传正能量转化为网络传播大流量。

青年群体作为新生社会力量,是党执政的群众基础,也是党的创新理论传播对象。随着我国社会经济转型升级,青年群体具有互联网平台化的新业态特征,组织结构松散,存在偏离主流意识形态的风险,在党的创新理论传播中,难以让党的理论真正在年轻群体中落地生根、入耳入心。①

　　各级媒体通过不断尝试,用心用情打造创新产品,比如中央广播电视总台创新打造《平"语"近人——习近平喜欢的典故》《玉渊谭天》《总台海峡时评》《大湾区之声热评》《主播说联播》等创新产品,影响力持续提升;江西九江市坚持线上线下相结合,举办全市党史知识网上学习竞答活动,吸引全市21万党员干部群众参与;湖南省永州市针对青年群体打造"8090"系列节目,用"方言土话"开展理论宣讲,用百姓语言、百姓视角阐述党的创新理论,让当地瑶族群众听得懂、能领会、可落实。

　　各级媒体充分发挥全媒体全网传播优势,有效破解了党的创新理论"传不开、传不远"的难题,奋力找准宣传主题与新闻元素的契合点,把宣传党的主张和反映人民呼声有机结合起来,但距离让党的创新理论"飞入寻常百姓家",让全体人民特别是年轻群体入脑入心地接受党的理论,还有一定的差距。对如何发挥阵地作用,实现宣传群众、教育群众、服务群众功能的思路不宽、办法不多。

　　2.传统媒体与新媒体存在"两张皮"现象

　　调研还发现,部分媒体在打通技术接口环节、内部生产流程再造环节上都存在传统媒体与新媒体"两张皮"现象,虽然都在着力推动媒体融合,但因为机构设置、机制体制、考核体系、目标任务等原因,在一个单位内,部分媒体的工作流程没有彻底再造,指挥调度机制尚未完全建立,资源、人员、渠道等也没有整合到位。报纸、广电两家媒体由于不同的文化背景、综合实力以及长期存在的竞争关系,更有甚者,还可能存在抵触融合心理和小团体意识,传统媒体和新媒体、报纸和广电各管各的,没有统一策划,没有互通联动,媒体融合的深度和广度仍需加强。同时,传统媒体队伍年龄结构老化,并且很多具有事业编制,无形中形成"资历围墙"。对于传统媒体人员来说,一是心理作用,还是停留在原有的生产方式,完成了版面,形成了文字就完事。二是因为年龄资历观念的影响,不愿意再下到一线,学习新媒体各项业

务。三是本身有编制,不掌握新业务、新技术,单位也不可能将其开除,而同时新媒体从业人员大多只是聘用,做得再好,在薪酬待遇、晋升等方面还是受到体制机制限制,难以实现个人发展。这些都导致了传统媒体和新媒体人员的"两张皮"现象,新媒体还是新媒体,传统媒体还是传统媒体,传统媒体生产出的内容难以在新媒体上进行二次传播,人才队伍的综合素质跟不上新时代媒体深度融合的需要。

3."中央厨房"亟待更新迭代

2014 年,人民日报社专门成立了一家直属企业——人民日报媒体技术股份有限公司,这家公司的使命就是建设"中央厨房"。"中央厨房"是媒体融合先行者,将理念、产品、内容输出到全国各地,"中央厨房"成为媒体融合的"样板间"。

2015 年,这一媒体融合发展概念与实践引发关注,媒体纷纷仿效,打造"中央厨房"。直到 2017 年,大多具有一定实力的媒体,已集中建设"中央厨房"物理空间。

江西日报社"赣鄱云"融媒体"中央厨房"于 2017 年 10 月开工,2018 年 1 月底竣工。该智慧平台集纳了国内最新理念与技术成果,不仅能整合报社内部媒体资源,更能实现省、市、县三级在内容、用户、技术、终端方面纵向打通共享,全省各地融媒体横向联成"一张网",重构新闻生产流程。[①]《大众日报》着力打造媒体融合的技术支撑平台"齐鲁智慧媒体云",目前已具备"中央厨房""5G 短视频智能生产平台""端媒统一生产管理平台"等功能模块,存储数据 160 多亿条,入驻机构 3.5 万家;《内蒙古日报》构建全媒体运营流程架构,"草原云"板块、旗县融媒体中心板块、中央厨房板块等按流程设置机构,流水线作业,一体化运行,持续推进内容、平台、技术、管理等方面的一体化发展。

然而,随着媒体融合的深度开展,可以看到部分"中央厨房"没有充分发挥用途,很多单位的"中央厨房"成了媒体的参观"景点",只是在其他单位参

---

① 练蒙蒙.以核心竞争力推动媒体深度融合发展[J].中国记者,2024(02):93-97.

观考察时才打开屏幕,日常运行中并没有利用"中央厨房"统筹全媒体,缺乏统一指挥、策划、调度、生产、发布、传播、推广,没有形成规模效应。

此外,还存在"中央厨房"性质机构叠床架屋的情况。以江西为例,不仅有江西日报社自主研发的"赣鄱云"融媒体智慧平台,还有江西广电研发的"赣云"平台;再如湖南省,也同时存在"新湖南云""红网云"等同类竞争型"中央厨房"产品。而在地市级层面,各市级媒体在推动媒体融合过程中,有的并不采用省级"中央厨房"技术和平台,而是单独开发一个全新的新闻客户端,并与省级新媒体平台形成差异化竞争关系,造成全省新闻宣传难以形成合力,更让"中央厨房"这种全媒体指挥调度形式不能完全施展"拳脚",不能发挥其应有作用,造成资源重复建设和浪费。

4.用户流失显现,有"端"无"客"无"服"现象突出

全媒体时代,传播平台是核心资源。大多数媒体采用两种方式,一是精心"造船",做强新型主流媒体,打造新型传播平台。在移动互联网时代则是重点打造新闻客户端,客户端是属于传统媒体自身的"一亩三分地",可以将生存发展主动权牢牢掌握在自己手中。二是乘风"借船",入驻微博、微信、抖音、头条号、企鹅号、网易号等第三方商业平台,利用平台优势引流增粉,偶尔出些现象级爆款产品,影响力虽然上去了,但毕竟"寄人篱下",很多事情"身不由己"。

"借船"的过程中,大家发现,账号发布内容时常受到平台所谓"审核""规则"等因素制约,影响发布时效和传播效果;拿不到用户核心数据,无法开展精准传播和有效引导舆论;再退一步讲,万一哪天平台瘫痪、下架了,内容也就不复存在了。

在媒体融合的推进过程中,打造新闻客户端已成为传统媒体融合发展的主要方式,新闻客户端也在舆论引导、社会治理等方面发挥了重要作用。然而,目前大部分传统媒体新平台仍处于艰难的爬坡期,传统媒体自有的客户端能否在互联网驱动下的信息"爆炸"时代,凭借自身品牌影响与产品内容,真正吸引到用户、留得住用户且不断拓展更多用户,成为当前主流新媒体面临的一项艰巨的难题和挑战。

有"端"无"客"无"服"现象在很多传统媒体的新闻客户端上普遍存在,比如,精心策划制作的融媒体产品阅读量只有几十人,甚至没有浏览量;客户端上的原创新闻不敢对外展示真实浏览量;有的平台动辄坐拥千万甚至过亿的装机量,实际却靠着几十万甚至几万日活跃用户维持生存;传统媒体内容影响力在移动互联网时代日渐衰微,"声音"越来越小,受众互动越来越少等。

5. 公信力有下降风险

在推进媒体融合的过程中,抢热点、抢流量已成为媒体包括中央媒体在内的积极表现。2023年上线的浙江重大新闻传播平台主要的战略考虑就是"流量说话",无可否认,主流媒体只有让主流成为顶流,让正能量成为大流量,让大流量传播正能量,才能具有强大传播力、引导力、影响力、公信力。

当今社会,官方媒体扮演着至关重要的角色,不仅是人们获取信息、了解世界的重要途径,还是人们与外界沟通的重要桥梁。然而,近年来,却不得不面对一个严峻的问题——媒体的公信力在下降。犹记得中国国际电视台(CGTN)在2021年5月22日上午11时前就以中英文发布"袁隆平逝世"的消息,随后全国几乎所有媒体均参与报道,然而袁隆平院士真正逝世的时间是当日13时07分,此举引发了网友一片问责。2023年6月,江西工业职业技术学院"食堂吃出疑似老鼠头"的视频在社交平台出现并广泛传播,随后学校、市监局均确认"异物"为鸭脖,媒体也因此而报道"异物"为鸭脖,在其后六七天的时间里引发哗然。

媒体的公信力是指公众对媒体报道的信任度和认可度。当媒体的公信力上升时,公众对媒体报道产生信任和认可;当媒体的公信力下降时,这种影响也随之减弱。在这个信息爆炸的时代,人们每天都被各种各样的信息包围,很多信息难以分辨真假,这就对媒体报道的真实性和可信度提出更高的要求。一些媒体为了追求首发和流量,往往会夸大事实、歪曲真相,不深入现场多方采访,仅仅依赖道听途说,以偏概全。这样下去不仅会损害媒体的公信力,也会误导公众,产生严重的社会后果。

6. 媒体融合缺乏顶层设计和蓝图规划

推动媒体融合向纵深发展,就是要坚持统筹谋划、加强顶层设计,还要把握人工智能等技术应用给新闻生产传播方式带来的深刻影响,洞悉媒体融合发展的新趋势新方向,通盘考虑主流媒体融合发展的目标任务,不断优化全媒体传播体系建设的战略设计。2022年以来,随着"十四五"规划纲要的实施,推进媒体深度融合发展,做强新型主流媒体,加强全媒体传播体系建设,塑造主流舆论新格局已成为我国新闻事业发展的主旋律。

在媒体的融合发展中,很多媒体都有自己的顶层设计,比如河北广播电视台(集团)制定出台推动《媒体深度融合发展五年规划》,新京报社制定《新京报社十四五发展战略规划》和《新京报社媒体融合三年行动计划》,安徽日报报业集团坚持一体化发展方向,加强制度设计,实施全媒体传播体系建设工程。

在实际的调研中,我们发现,不少媒体融合止步于"为融合而融合"的局面,不能分步骤、有节奏地推进媒体深度融合,加快构建舆论引导新格局,其传统媒体与新媒体的融合目标不清晰,只是盲目跟随时代走,未建立明确的融合发展战略,导致传统媒体与新媒体只是表面功夫,没有形成内在的对接与发展。部分媒体找不到适合自身转型发展的路径,总是摸着石头过河,边走边看,虽有规划蓝图,却受制于着技术变革、产业转型升级、主要领导调动等因素,一些规划蓝图不能一如既往,而是哪个方向发展就朝哪个方向走,哪位领导重视就朝领导重视方向走。此外,现在很多媒体都是自负盈亏,不仅要发展事业,还要发展产业,在产业的发展中,又是哪个行业挣钱就奔着哪个行业去。这些现象都说明很多媒体虽有规划蓝图,却不能一步步推进和落实。长此以往,媒体本身的发展方向就会变得模糊,不能形成长远发展。

7.技术研发面临瓶颈

技术对于传媒行业的发展和传播领域的进步至关重要,传播工具、传播技术的发明都会引发传播革命,从而推动信息传播迭代升级到更高的层次。技术研发在媒体融合发展中的重要性不言而喻,比如数字技术和人工智能技术,让媒体变得更加数智化。

相比于商业平台,主流媒体的整体技术研发能力稍逊一筹。其中,中央级、省级媒体的技术研发能力较强,能与商业平台抗衡,例如,人民日报社大力推动技术发展,或采用合作方式,或自我研发方式,人民日报社研发的"人民日报创作大脑 AI ＋",能够运用 AIGC 技术实现智能化内容生产。而地市级、县级媒体由于缺乏技术研发人员和技术研发资金,在技术研发方面显得捉襟见肘,特别是在一些高新技术、关键技术方面,更是面临瓶颈,只能依附于中央级、省级媒体的平台、技术,直接制约了发展。

8.各端内容同质化严重

新闻客户端集资讯、社交、应用、服务、商务、政务于一体,成为新闻媒体发展的又一蓝海。我国大部分新闻客户端,构建之初源于原来的商业平台,比如网易新闻、腾讯新闻、新浪新闻等等,而这些平台的栏目设置,也是源于原来的新闻网站的延伸,从 PC 端到移动端,框架结构设计有相似点。后来,商业平台不断创新和扩展移动端平台,如百度拥有的客户端有百度搜索、百度地图、百度天气、百度新闻、百度贴吧、百度翻译等,大型公司因为拥有庞大的用户群体,客户端的发展已经越来越专业化和精细化。

然而,对于媒体来说,不可能像大型公司一样朝着各个方向应用发展,新闻媒体的主要职责还是新闻报道,这就造成全国各地新闻客户端数量爆发式增长,但同质化现象却越来越严重。在媒体竞争日趋白热化的今天,新闻客户端如何在应用市场中占有一席之地,赢得受众的支持,成为迫切需要解决的问题。

调研发现,很多新闻客户端融媒体产品品类单一,栏目设置雷同,形式互相抄袭,客户端推送内容千篇一律,缺乏高质量原创内容,国内国际新闻照搬照抄,没有创新思维和融合思维。大多数新闻客户端缺少当地特有的特色内容,忽略了立足本地发挥服务群众的职能,在个性化定制服务、用户体验、聚合用户,增加用户使用黏性和忠诚度等方面,还有很长的路要走。

调研还发现,大多数年轻用户认为,如今各省、市、县打造的新闻客户端整体缺乏趣味性、社交化、碎片化,让人不愿特意花时间浏览。当前受众获取资讯的方式更倾向碎片化,并不固定专门渠道获取新闻资讯,这就对新闻客户端提出更大挑战。

9. 人才流失问题不断出现

随着互联网的快速发展,新闻媒体行业正面临着前所未有的挑战和机遇,这个行业的专业人才也正在经历蜕变。在这个蜕变的过程中,人才因为各种原因,导致流失问题不断出现。

调研中发现,新闻媒体行业的工作特点决定了新闻工作者往往需要在紧张的时间内完成大量的工作,导致新闻工作者面临着巨大的工作压力,长此以往容易导致身心健康问题。媒体界有句俗话,"有女不嫁记者郎,一年四季守空房"。虽然是调侃,但不失为大部分新闻工作者的真实写照;从事新媒体运营后,各类 KPI(关键绩效指标)考核要求越来越高,但随着抖音、小红书等新平台的兴起,"两微一端"日渐式微,直接导致"两微一端"运营人员很难完成 KPI 考核任务;由于新闻媒体行业的特殊性,新闻工作者的薪资待遇和福利并不太理想,这都是导致优秀人才流失或者被竞争对手吸引的原因。

调研中还发现,在体制机制上人才晋升通道不畅通更是人才流失的主要因素,这让很多新媒体人才看不到上升的空间。不少传统媒体在融合改革后存在这种情况:纸媒从业人员沿用事业单位的管理模式,而所属的新媒体部门则成立子公司,走企业化管理道路。这就导致两个职能部门之间不可避免地存在人员身份待遇差异的壁垒。全媒体时代,事业编制的存在成了一道无形的围墙,为部分固守传统、难以跟上时代的采编人员画出了舒适圈,也阻挡了新媒体部门人才的合理晋升,不仅影响了员工干事创业的积极性,更是造成全媒体人才不间断流失局面的一个重要原因。

媒体融合走到今天,互联网的飞速发展不断革新媒体行业的内容生产方式,也就要求传统媒体需要逐渐摒弃落后的、不适合全媒体时代的人员管理制度,让采编经营工作的自由度、开放性跟上信息技术的发展,跟上传播方式的变革。

10. 用户"最后一公里"打通不彻底

我国农村地区网络接入条件已基本完善,互联网普及率持续提升,移动互联网让农村生活发生"变革",娱乐消费类应用成为农村用户的"刚需",其中视频直播、数字音乐 App 的安装率超 80%。

然而,我国数字乡村发展仍处于初期阶段,在地方财力、互联网普及、技术创新、人口结构等方面面临诸多挑战,星散的留守儿童,不熟悉网络的老年人等等,让党媒特别是县级融媒体中心在引导群众、服务群众上步履维艰。

目前,很多县级融媒体中心尝试用各种方式打通"最后一公里",比如江西省共青城市融媒体中心打通信息传播的"最后一公里",开设窗口让群众发声,在媒体平台上设立书记市长信箱、市民留言栏、回音壁等板块,方便市民向相关部门反馈问题并及时获得回复,记者跟踪问效,通畅社情民意的表达,引导良性互动。有的县级融媒体中心通过大喇叭、短信推动等方式,打造上通下达的民生"连心桥"。

媒体融合发展的实质是做好群众工作,归根结底是要在全媒体时代打造一个具有强大影响力的传播平台,让主流声音真正抵达用户,抵达普通百姓。笔者通过实地调研走访发现,当前主流媒体普遍在实现全媒体内容生产的"小融合"上做得很出色,但是在让主流舆论声音真正"进场入群",打通面向互联网受众的"最后一公里"上依然有所欠缺。面对农村"空心化",基层宣传文化阵地不同程度上存在利用率不高、作用发挥不足等问题,对如何发挥阵地作用,打通宣传群众、教育群众、服务群众的"最后一公里"思路不宽、办法不多。特别是相较部分商业性媒体,传统主流媒体的影响力正在逐渐退缩。

第三章
《江西日报》的压力与破局

　　1949 年 6 月 7 日,《江西日报》创刊。在党的领导下,《江西日报》一路走到今天,在这 75 年里取得了许多辉煌,也经历了许多考验,其中最大的考验来自互联网的冲击。令人欣慰的是,《江西日报》作为主流媒体的一员,没有辜负党和人民的期望,经受住了这轮考验,通过贯彻执行媒体融合战略,克服转型发展中的重重困难,走出了一条从传统主流媒体向新型主流媒体转型的道路,由只有一份报纸的江西日报社变成拥有"报、刊、网、端、微、云、屏"的江西日报社(江西报业传媒集团),向着全国一流省级党报集团的目标前进。

第一节　《江西日报》的压力

　　进入 21 世纪,《江西日报》遭遇了前所未有的压力,既有"外患"即来自外部的困境,也有"内忧"即源于内部的难题。

一、外部困境

（一）网媒兴起

互联网浪潮席卷全球，特别是移动互联网和智能手机的发展推动 Web2.0 时代向 Web3.0 时代迈进，催生了越来越多的新媒体，各类互联网应用呈现出多元化、加速化增长趋势。这一点可以在中国互联网信息中心 (CNNIC) 从 1997 年开始连续发布的《中国互联网络发展状况统计报告》和 Kantar Media CIC 从 2008 年开始连续发布的年度中国社会化媒体格局概览图中明显看出。到了 2014 年，即中国接入互联网 20 年，互联网和社会化媒体的发展已经在赶超传统主流媒体。

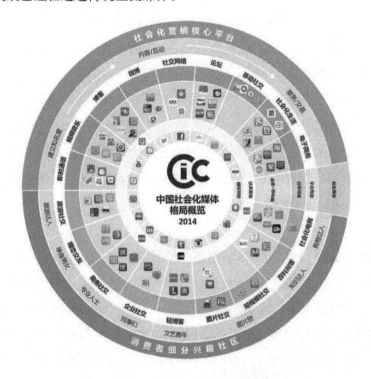

图 3 - 1　2014 年中国社会化媒体格局概览图

图片来源：Kantar Media CIC

互联网有着传统媒体无法比拟的众多优势，一是开放性，互联网打破了时间和空间的限制，用户可以自由上网冲浪，既可以使用互联网浏览各种资讯,也可以使用互联网发布个人信息;二是连接性,互联网将所有人连接在一起,加速了全球化的进程,地球变成"地球村",让人类社会迈入网络时代,每个人都成为网络上的一个节点,点和点连接成线,线和线连接成一张网;三是互动性,互联网追求的是双向传播,沟通直接快速,传统意义上的"传者"和"受众"的边界已经消失;四是娱乐性,互联网平台充斥着大量娱乐性和趣味性的信息,容易让人沉浸其中,排斥其他信息,特别是 Z 世代年轻群体,伴随着互联网一起成长,在他们看来,有意思的信息比有意义的信息更重要,更能引起他们的兴趣。

　　互联网的众多优势令人难以抗拒,互联网的普及发展世人有目共睹,其发展速度之快、用户数量之多、使用时间之长遥遥领先于其他媒体,传统媒体的受众流失已经成为常态,报纸的读者、广播的听众、电视的观众等都纷纷流向网络新媒体。

　　技术的迭代更新会驱动新的媒体形态的兴起,在人们"喜新厌旧"的心理作用下,新兴媒体被吹捧,传统媒体被唱衰,正如电视兴起后,报纸被预测会消亡,互联网兴起后,电视被预测会消失。网媒兴起后,以传统媒体为中心的传媒格局已经被颠覆,报纸扛住了电视的一波冲击后,在网媒的这波冲击下岌岌可危,举步维艰。

　　(二)报业寒冬

　　按照生命周期理论,任何事物都会经历诞生、成长、成熟、衰老、消亡这几个阶段。进入 21 世纪后,传统媒体出现衰退的迹象,在与朝气蓬勃的网媒对比下显得更为明显。报纸有着悠久的历史,在印刷媒体时代、电子媒体时代走向成熟,在网络媒体时代开始衰退。翻阅时代流行的"看报纸""读报纸"逐渐成为过去时,进入点击时代、刷屏时代后纸质报难以满足人们的触媒习惯和阅读需求,报纸行业整体发展遭遇瓶颈,多家报纸发行量缩减,广告收入锐减,经营惨淡,被迫宣布休刊或停刊,"报业寒冬""纸媒寒冬"等声音不绝于耳,报纸的生存发展引起行业的广泛关注,成为议论的热门话题。

　　相比晚报、都市报以及专业性报纸而言,党报的处境相对好一些,但在2014 年左右,除了少数党报能延续辉煌,大多数党报也在经历寒冬,面临着重重困境。党报发行困难,且订后阅读率非常低。究其原因,主要是受报纸行业不景气的影响,加上党报自身政治性、理论性的内容太多,生活性的内容太少,相对严肃枯燥,在泛娱乐化的时代,难以引起阅读兴趣,导致发行困难,读者流失。

二、内部难题

相比其他主流媒体,党报的媒体融合发展尤为困难,而省级党报的媒体融合发展又比中央级党报的转型发展更为困难。《江西日报》处在经济欠发达地区,尽管有江西省委省政府的大力支持,但在内部还存在诸多难题。

(一)资金缺口较大

要实施媒体融合,占领互联网新阵地,必须花大力气建设党报新媒体,从"中央厨房"(全媒体采编技术平台)的建设到《江西手机报》App、江西日报手机网移动 wap 端的开发、升级和改造,都离不开巨大的资金投入。党报新媒体主要担负占领网络舆论阵地的职能,还必须免费为公共利益服务,而实现盈利在全国来讲都未找到较好的办法。从报社资源配置来说,就是只有投入看不到产出,这使自收自支的报社顾虑重重。

江西日报社属于公益事业单位,基本上是自收自支,在缺乏财政"输血"的情况下,自身的"造血"功能不足,作为报社主要的收入来源即发行收入和广告收入不足,虽然党报的发行有行政力量支持,党报的征订工作是一项政治任务,但是每年的发行量有限,很多征订单位只是为了完成任务。目前,报社承担着繁重的采编任务和经营压力,其他创收更是少之甚少。

一边是开支多,一边是收入少,江西日报社的资金缺口非常大,开源创收迫在眉睫,成为发展的头等大事。

(二)技术和平台已成为阻碍党报媒体融合发展的一大瓶颈

要建设党报新媒体通常有两种方式,一是借船出海,入驻第三方新媒体平台,投入少,见效快,但无论是微博矩阵还是微信矩阵,数据、流量、技术和平台都掌控在运营商手上;二是造船出海,打造自有新媒体平台,投入大,见效慢,但毕竟是属于自己的阵地,有自主权和话语权。

然而,一方面,江西日报社没有掌握核心技术与自有平台。受资金和技术等因素影响,江西日报社的"造船"工作举步维艰。江西日报社重点打造的江西日报手机网算是自主研发的发布平台,但也存在诸多技术障碍,赣鄱云"中央厨房"更是需要资金和技术的赋能才能完善。另一方面,江西日报社互融互通发稿平台还没有畅通。报社所属纸媒主要采用北大方正文韬新闻采编系统,中国江西网采用北方网新闻发布系统,App 客户端则是上海一家外包公司的技术,三个系统之间的技术壁垒亟待打破。

(三)采编流程不畅,资源未能有效整合

从江西日报社全社层面来讲,缺乏一个支持文图、音视频、新媒体等多种信息录入和远程写稿并服务于报社所属各媒体的"全媒体采编系统"。此外,江西日报社在 2013 年 9 月已制定《江西日报社"一岗双责"实施办法》,提出纸媒记者在向各自纸质媒体发稿的同时,应积极采用适当形式向各自媒体的微博、微信、中国江西网、江西手机报发稿;应注意根据新闻事件的特点,采集视频或音频内容,向新媒体发稿时,可同时发布音视频内容;纸媒记者也可挖掘微博上的好线索进行深度采访,将线索变成报纸新闻。但是,《江西日报社"一岗双责"实施办法》的落实机制、长效监督机制等方面还不完善,未能确保资源的有效整合。

(四)部门各自为政,组织架构和管理体制有待理顺

江西日报社也建立了全媒体中心,但没有配套组织机构,也就缺少全社新媒体发展一盘棋的协调组织;报社所属部室,尽管大部分都运营新媒体,但未能建立统一的人才管理体系和完善的绩效考核机制。

(五)优秀人才缺乏,人才体制机制尚待完善

江西日报社的不少采编人员还不能适应全媒体平台的业务需要,这严重制约了媒体融合的推进速度和发展前景。传统媒体当前的薪酬体系和管理机制对互联网领域的高端技术人才很难有吸引力,"引不来、留不住"的情况不可避免。同时,受制于江西省人事制度,报社吸纳新媒体人才还存在很大障碍,仅江西日报社新媒体部而言,员工的身份就存在在编、人事代理、社聘和部聘等区别,不利于部门的管理与长期发展。

第二节 《江西日报》的破局

根据媒体的演化规律来看,一种新兴媒体的诞生,并不会立刻取代传统媒体,它们会有一段共存共生的过程,如果传统媒体能够像"凤凰涅槃,浴火重生"一样转型发展,非但不会消亡,反而会冬去春来,获得新生。

和其他省级党报一样,《江西日报》处于外部困境和内部难题中,经历着巨大的考验。在压力面前,《江西日报》必须寻求一个合适的时机,寻找一条合适的出路,像蝴蝶一样破茧而出,像凤凰一样浴火重生,做强党的新闻舆论事业和宣传思想工作。

2014 年以前,《江西日报》已经开始了媒体融合发展的探索尝试,但仅限于开通官方微博、微信公众号等。直到 2014 年媒体融合正式上升为国家战略,《江西日报》明确了前进的方向,找到了突围的出路,吹响了媒体融合的号角。从 2014 年到 2023 年共十年的时间里,《江西日报》坚决贯彻执行媒体融合战略,克服媒体融合、转型发展中的重重困难,走出了一条从传统主流媒体向新型主流媒体转型的道路,由只有一份报纸的江西日报社变成拥有"报、刊、网、端、微、云、屏"的江西日报社(江西报业传媒集团),向着全国一流省级党报集团的目标前进。

笔者查阅江西日报社从 2014 年开始发布的《社会责任报告》,结合十年来对《江西日报》的观察,对《江西日报》十年媒体融合之路上发生的大事进行梳理。

2011 年 2 月 26 日,江西日报微博亮相社交网络平台,系全国党报中较早开通的党报法人微博。

2013 年 5 月,"江西日报"微信公众号上线,随后,《江西日报》"时政头条""重磅财经""文化赣鄱"等一批微信公众号陆续上线运营。

2014 年 2 月 25 日,由江西日报社主办、中国江西网承办的移动新型媒体《江西手机报》正式上线。《江西手机报》定位为江西的手机版党报,分为短彩信版和移动客户端版。

2015 年 7 月 28 日,江西互联网第一股"大江传媒"正式在新三板挂牌,是全国第三家挂牌的省级党报集团新媒体企业。

2016 年,江西日报社新媒体部成立。

2016 年 10 月,"赣鄱云"融媒体智慧平台亮相,着力构建省、市、县三级媒体融合平台。

2016 年 12 月 12 日,移动传播新平台江西日报手机网正式上线,实现了党报资讯"报纸－电脑 PC 端－手机 wap 端"的无缝衔接。

2017 年 8 月 8 日,中国江西网和《信息日报》进行报网融合。

2018 年 2 月 12 日,江西报业传媒集团有限责任公司挂牌成立,作为江西省属国有独资文化企业,按照现代企业制度的要求,主要做好产业经营,与江西日报社按照"一个党委、两个机构、一体化运行"的原则,实现采编与经营两分开。

2018 年 12 月 18 日,撤销新媒体部和摄影部,组建江报客户端新闻中心和视觉中心。

2019 年 1 月 1 日,江报客户端新闻中心正式挂牌,江西手机报客户端升级为江报客户端并上线试运行(同年 2 月底更名为江西新闻客户端并持续试运行),频道设置对应《江西日报》各采编部门,将党报采编人员转型为全媒体记者编辑。

2019 年 1 月 1 日,《江西日报》全媒体采编系统正式上线。

2019 年 6 月 5 日,《江西日报》创刊 70 周年前夕,江西新闻客户端正式上线。

2020 年,江西日报社制定下发《江西日报社(报业传媒集团)关于加快推进媒体深度融合发展的实施方案》,将更多人财物投向互联网主阵地,打造江西日报社全媒体采编中心。

2021 年,江西日报社积极推进对外联合,在省优化营商环境工作领导小组办公室支持下,全新打造了江西营商全媒体平台;与景德镇陶瓷大学共建国际传播中心,构建了以"陶瓷 + 传媒"为核心的新型国际赣鄱文化传播平台。

2022 年,江西新闻客户端下载量突破 2000 万,成为江西首个 2000 万量级新闻客户端,覆盖人群突破 1.5 亿。

2022 年,"赣鄱云"构建市级融媒体中心 2 个,县级融媒体中心 70 多个,并与江西广播电视台的融媒体平台"赣云"一道组成省级融媒体中心。

总之,媒体融合是《江西日报》面对压力时寻找到的出路,在实施过程中,江西日报社坚持了"导向为魂、移动为先、内容为王、创新为要"的宗旨,创造性地提出了"方向凝聚力量""改革创新提高""凡重大,必创新""以作品论英雄,以业绩排座次""凡精品,必奖励"等举措。

通过媒体融合,江西日报社已形成报刊、网站、移动客户端、微博、微信、手机报、手机网、地铁户外传媒等 9 种媒介形态,建成了大数据中心,新媒体端口载体达 122 个,建成"赣鄱云"市级融媒体中心 3 个,县级融媒体中心 70 多个,并与江西广播电视台的融媒体平台"赣云"一道组成江西省融媒体中心。全媒体报道团队进行的融媒体报道有声有色,推出了众多融媒体精品,大大提高了新闻舆论的传播力、影响力、公信力和引导力。

第四章

导向为魂：方向凝聚力量

媒体融合要坚持导向为魂、移动为先、内容为王、创新为要，其中，导向为魂在这四点准则里摆在第一位，是首要前提和根本原则。党报进行媒体融合要旗帜鲜明讲政治，找准导向不偏离，自始至终都要坚持正确的政治方向、舆论导向和价值取向。

《江西日报》从创刊的那天起，就秉持"方向凝聚力量"的理念，统一思

图 4-1

想,明确方向,凝聚力量。在媒体融合的十年里,守正创新,按照党指引的方向全社上下一心做好新闻舆论工作,不断提高传播力、影响力、引导力和公信力,既要正能量,也要大流量。

第一节　坚持正确的导向

一、坚持正确的政治方向

政治方向是党生存发展第一位的问题,"举什么旗,走什么路"事关党的前途命运和事业兴衰成败。我们党所要坚守的正确政治方向,就是共产主义远大理想和中国特色社会主义共同理想,就是全面建设社会主义现代化国家、全面推进中华民族伟大复兴的奋斗目标,就是党的基本理论和路线方针政策。①

党报姓党,是党的宣传阵地和发声渠道,党报必须旗帜鲜明坚持党的领导,坚持党性原则,坚持正确的政治方向,在马克思主义新闻观和习近平的新闻舆论观的指导下宣传和贯彻党的路线和方针。

《江西日报》在创刊号《发刊词》中宣告"《江西日报》是中国共产党江西省委机关报",党报的本质属性从创刊那一天起就清晰和明确,这是永远都不会改变的。《江西日报》是这么说的,也是这么做的,创刊 70 多年来,《江西日报》高举党的旗帜,听从党的指引,与党保持一致,维护党的权威,执行党的决策,体现党的意志,反映党的主张,见证和记录了新中国成立以来江西各项事业发展的历程,为党的新闻事业作出了巨大的奉献。

在媒体融合的十年里,《江西日报》对党忠诚,坚持政治家办报,坚决贯彻党中央的媒体融合战略部署,为党分忧,努力应对新时代、新形势下的新挑战、新要求,以媒体融合推进新闻事业的现代化,让媒体融合、改革创新朝

---

① 姜泽洵.坚持以党的政治建设统领党的建设各项工作[J].党建研究,2023(10);36－40.

着正确的方向前进。报社全体党员同志和采编人员旗帜鲜明讲政治,坚定政治立场,提高政治站位,增强"四个意识",坚定"四个自信",做到"两个维护"。对党的十九大、党的二十大、全国两会等重大会议进行全方位、多形态报道,让总书记重要讲话等重要会议内容快速、广泛传播。

二、坚持正确的舆论导向

习近平总书记指出,舆论导向正确,就能凝聚人心、汇聚力量,推动事业发展;舆论导向错误,就会动摇人心、瓦解斗志,危害党和人民事业。[①] 好的舆论可以成为发展的"推进器"、民意的"晴雨表"、社会的"黏合剂"、道德的"风向标",不好的舆论可以成为民众的"迷魂汤"、社会的"分离器"、杀人的"软刀子"、动乱的"催化剂"。[②] 因此,党的新闻舆论工作是党的一项重要工作,是治国理政、定国安邦的大事。党管宣传,党管媒体,就是要让媒体做好新闻舆论工作,守住意识形态阵地。

在互联网时代,网络成为舆论的主战场、主阵地,网络舆论的力量更加汹涌澎湃,网络舆情事件层出不穷,做好舆论引导工作更加困难,为此,媒体既要坚持正确的舆论导向,也要提高舆论引导能力。

党报进行媒体融合,占领互联网阵地,壮大主流思想舆论,更要坚持正确的舆论导向,以正确的舆论引导民众,不能为了追求大流量而牺牲正能量。《江西日报》创刊以来,一直坚持以正面宣传为主,唱响主旋律,传播正能量,讲好江西故事,传播江西好声音,积极宣传党的创新理论、路线和政策,塑造党、国家、政府的良好形象。

在迎接党的二十大召开时,《江西日报》推出的多个精品报道导向正确,主题突出,聚焦江西发展成就,展示十八大以来党领导人民取得的辉煌成就,描述党领导人民迈进新时代、走向新征程的宏伟蓝图,描绘实现民族伟大复兴和人民美好生活的美丽画卷,呈现中国共产党和人民群众的鱼水之

———————

① 参见习近平. 在党的新闻舆论工作座谈会上的讲话[EB/OL]. (2016 – 02 – 19)[2023 – 07 – 25]. http://www.xinhuanet.com/politics/2016 – 02/19/c_1118102868. htm.

② 参见习近平. 在党的新闻舆论工作座谈会上的讲话[EB/OL]. (2016 – 02 – 19)[2023 – 07 – 25]. http://www.xinhuanet.com/politics/2016 – 02/19/c_1118102868. htm.

情。一经推出，立刻在人民群众中引发了巨大的反响，为党的二十大召开营造了舆论支持和良好氛围。

为了确保正确的舆论导向，《江西日报》压实意识形态责任，加强阵地管理，以一颗"对党负责，对人民负责，对社会负责"的责任心，将正确舆论导向原则贯彻到新闻采写编发各个环节，覆盖到采编审签各类人员，对报社集团所属媒体用一把尺子来要求，用一个标准来衡量，严格实施"三会"制度和"三审三校"制度，做到层层把关，人人负责。此外，报社还运用大数据技术进行网络舆情监测，澄清谬误，明辨是非，严防不当言论和错误信息误导人民群众。

三、坚持以人民为中心的工作导向

党和人民是鱼水关系，血肉关系，密不可分。党性和人民性是统一的，全心全意为人民服务是党的根本宗旨。党报作为党和人民群众的喉舌，坚持党的领导，以人民为中心的导向永远不能偏离。

《江西日报》创刊号《发刊词》宣告"《江西日报》是中国共产党江西省委机关报，同时也是江西全体人民的报纸。它是人民说话的喉舌，它代表人民的利益，完全是为人民服务的"。《发刊词》具体阐释了江西日报的本质属性和光荣使命，按照这一属性和使命，《江西日报》始终代表党和人民的利益，坚持党性和人民性相统一。

在媒体融合的进程中，《江西日报》创新践行党的群众路线，坚持以人民为中心的工作导向，做好党和人民之间的纽带。一是密切联系人民，拉近与人民的距离，充分发挥新媒体平台双向传播互动的优势，通过江西日报微博、微信、客户端等各种新媒体互动平台与人民沟通互动，聆听人民的心声，及时反馈和回复人民的留言评论。二是全心全意为人民服务，满足人民的触媒习惯和信息需求，充分开发"江报直播室""问政江西"等栏目的服务功能，解决人民生活中的困难和问题，对政府工作进行舆论监督。三是以人民为核心，以人民为主角，展示人民在党的领导下奋勇拼搏、敢于争先的精神状态，反映人民现实生活中利益攸关的诉求，宣传人民中涌现的典型榜样，如江西日报社新媒体部策划的"帮草根网红上头条""江西正能量网红"等活动。

第二节　融合传播党的好声音

2021 年,是"党和国家历史上具有里程碑意义的一年"。这一年,我们隆重庆祝中国共产党成立 100 周年,实现第一个百年奋斗目标;习近平总书记在"七一"重要讲话中庄严宣告,我们实现了第一个百年奋斗目标,在中华大地上全面建成了小康社会,历史性地解决了绝对贫困问题;在全党开展党史学习教育,激励全党不忘初心、牢记使命,在新时代不断加强党的建设;十九届六中全会审议通过中国共产党历史上第三个历史决议……

面对众多大事要事,媒体更应以习近平新时代中国特色社会主义思想为指导,深入宣传阐释党的创新理论,积极传播党的声音,不断增强脚力、眼力、脑力、笔力,用心走好新时代群众路线,积极塑造可信、可爱、可敬的中国形象,有力服务党和国家工作大局。

2021 年以来,江西新闻客户端坚持"有高度""接地气",全力全面做好建党 100 周年活动宣传、"四史"宣传、党史学习教育宣传,始终坚持学习宣传贯彻党的创新理论,让党的创新理论"飞入寻常百姓家",与人民群众的生活实际紧密结合起来,积极关注基层所想、群众所惑、百姓所盼、青年所期,筑牢内容根基,创新形式表达,打通联动平台,加强常态策划,将党的声音讲出了"百姓味道"和"时代精彩"。

2021 年 1 月,全国首个为庆祝建党百年而专门打造的"红色频道"上线;5 月,江西新闻客户端原创栏目《红土评论》获得全省优秀网评栏目称号,其中 50 多篇稿件被中央网信办作为优秀稿件进行全国全网推送;党史学习教育重磅策划产品《党史 30 秒》2021 年累计发布 90 期,在"赣鄱云"融媒体矩阵累计阅读量 1.5 亿人次,"学习进行时"专题累计访问量达 3.8 亿人次,《每日习语》系列海报访问量达 3.3 亿人次。

一、深入学习宣传贯彻习近平新时代中国特色社会主义思想

党的十九大提出了习近平新时代中国特色社会主义思想,这是马克思主义中国化最新成果,是党的十九大的灵魂。在新媒体时代,信息获得渠道多元化。在新形势下,宣传工作需要创新理念,更新内容,优化形式,注重方式,增强针对性和有效性。

(一)精心打造多个红色专题专栏

江西新闻客户端头条频道自 2016 年就已开设《学习进行时》专题,专栏下设《新时代 新作为 新篇章》《学习实践》《从严治党》《外交出访》《深化改革》《科学繁荣》《理论视野》《平语近人》《治国理政》《每日习语》十个子栏目,该专题分栏目、成系统地推出了一批有厚度、有温度、接地气的报道,专题位置常年在头条置顶,用户打开客户端,第一眼就能看到《学习进行时》的相关稿件内容。

据不完全统计,近年来,江西新闻客户端共开设相关红色专题达 20 余个,最近还新开设了《在这里读懂初心使命》《足迹——庆祝建党 100 周年》《新思想引领新征程——红色足迹》等专题,浓墨重彩,为宣传好红色文化营造了良好的舆论氛围。

(二)创新传播形式,着力精心推出有声海报

持续推出《每日习语》系列主题海报、建党 100 周年暨党史学习教育等主题公益海报。《每日习语》系列主题有声海报以习近平总书记在庆祝中国共产党成立 100 周年大会上的讲话原音为背景音,选取讲话金句进行摘登,设计喜庆大气、内容简洁。截至目前,《每日习语》系列海报共推出 320 余张,江西新闻客户端、江西日报微信公众号、江西日报微博多平台常态化刊发,各平台累计阅读量达到 3.3 亿人次。

二、讲政治,顾大局,在全国开通首个党史移动端

2021 年,江西新闻客户端坚持正确方向,坚持一体发展,推动传统媒体和新兴媒体在体制机制、政策措施、流程管理、人才技术等方面加快融合步伐。作为省委机关党端,为进一步宣传庆祝建党百年、深入推进党史学习教育,江西日报社在其移动端江西新闻客户端开设红色频道,该频道为全国首

个百年党史教育移动端专门频道。

（一）总体构建移动端"红色频道"

"红色频道"由江西日报社、中共江西省委党史研究室联合举办，江西新闻客户端承办，从2020年12月22日起每天持续更新，充分体现主流舆论权威传播力，成为宣传好党的声音的总体构架平台。

（二）打造特色系列短视频《党史30秒》

为做好《党史30秒》，江西新闻客户端组织专门的策划生产小组，对党史系列产品进行生产，并进行"赣鄱云"省、市、县三级联动报道。江西新闻客户端融媒体采编力量多次前往我省各个历史坐标，采访具有标志性意义的地点、人物、事件，追寻红色记忆和历史遗迹，见证初心使命，展现中国共产党成立100年来赣鄱大地上翻天覆地的变化。

《党史30秒》系列策划获江西日报社2021年上半年度好稿；《学习强国》App为此专门建立专题，每篇作品均获《学习强国》平台推荐使用；采编中，着重打造媒体深度融合发展典型，每篇作品不仅在《江西日报》头版实现"报端亮点"，还充分运用江西日报社"赣鄱云"平台，实现省、市、县三级联动采访创新和制作，成为推动全省媒体深度融合发展的有效纽带，《党史30秒》系列视频已生产发布90多条，制作展示融媒体海报90多张，全网累计阅读量超过2亿人次。

（三）让党的"好声音"穿透青年群体

《党史青年说》栏目由江西日报社、省委党史研究室、江西师大等联合主办，进一步让党的创新理论有效走进青年人群体，让学生、老师自己参与制作，自己撰写稿件，自己朗读，互相传播，用青年讲述党史故事的形式，向建党一百周年献礼。截至2021年12月14日，《党史青年说》专栏，已推出50多期，在江西新闻客户端、学习强国、微信公众号、头条号等全平台点击量超4000万人次。

《党史30秒》系列短视频进一步开拓创新，配合推出音频节目专栏《党史青年说》和互动产品《"四史"问答30秒》系列。产品以喜闻乐见的形式讲述党史，更易让青年群体接受，也让党史学习教育进入大众视野。《党史30

秒》《党史青年说》《"四史"问答 30 秒》系列作品，每篇均获得学习强国推荐，作品多次得到省委宣传部、省委网信办表扬。《党史 30 秒》单篇作品《"共和国第一军嫂"陈发姑》获得由国家广播电视总局网络视听节目管理司指导，广西壮族自治区广播电视局、江西省广播电视局、湖南省广播电视局等多单位联合主办的"红色记忆·唱支山歌给党听"第三届"三月三"网络短视频大赛优秀作品奖。①

三、有高度、接地气，丰富党史学习教育话语体系

常态化持续开展党史学习教育，要根据不同群体的特点，设计采用不同的话语体系，为的是凝聚同心向党的磅礴正能量。

江西新闻客户端开设《党史学习教育》专题，并在首页持续置顶飘红，专题内开设《新闻报道》《评论解读》《百件文物说江西》等栏目，集纳党史学习教育的新闻报道、活动策划、原创作品、评论文章等内容。

（一）移动优先，庆祝建党百年氛围浓厚

江西新闻客户端制作有"百年大党 风华正茂""热烈庆祝中国共产党成立 100 周年""百年征程波澜壮阔""2021 年中国正能量'五个一百'网络精品征集评选展播""数风流人物"等主题的海报，"七一"期间设置为客户端各时段开机画面，营造浓厚氛围。

江西新闻客户端在江西日报微博、江西日报抖音等平台设置话题"百年大党 风华正茂"，微信公众号设置"百年大党 风华正茂——热烈庆祝中国共产党成立 100 周年"栏头贴片和《百年大党 生日快乐》栏目，并与平台深化交流合作，在"七一"期间加强相关推流，营造浓厚氛围。

《江西日报》2021 年 7 月 1 日推出庆祝建党 100 周年特刊，累计 16 个版面，江西新闻客户端对报纸版面进行了二次加工，突出网络特色，将版面及稿件视频整合制作成 H5 页面《红色印记 百年荣光——隆重庆祝建党百年特别策划》，在朋友圈刷屏，截至当日 12 时，阅读量达 10 万人次。

---

①　冯星星.媒体融合语境下的创新表达　换个方式讲党史［J］.新闻文化建设,2023(19):5 –7.

江西日报社政教部、视觉中心、江西新闻客户端等部门开展报端深度联动,精心策划,推出《文物里的党史故事》《档案里的共产党人》《烽火绝笔映照忠魂丹心》等一批主题融媒体视频。推出《档案里的共产党人丨这个"字画先生"不一般,他的真实身份是……》《档案里的共产党人丨她身高不到一米四,却被称赞为现代"花木兰"》《烽火绝笔映照忠魂丹心——读方志敏〈可爱的中国〉(节选)》《文物里的党史故事丨米缸》《大片来袭!120秒带你飞阅江西红色地标》等一批精品视频,阅读量总计超过150万人次。推出互动H5页面《今天是党的生日——我向党报到》等融媒体产品,互动阅读总量超过15万人次。

(二)《红土评论》获评江西省优秀网评栏目

江西新闻客户端开设的《红土评论》栏目从提高政治站位,发挥正确舆论引导作用出发,在重要时间节点来临前或重大热点事件发生时,积极主动地进行议程设置,组织一批既有正能量又自带流量的网络评论员,策划、创作、发布评论稿件,从而正确引导网络舆论。

《红土评论》栏目在2021年荣获得江西省优秀网评栏目,稿件《红土评论丨防疫不松劲"五一"平安行》等近50篇稿件获得中央网信办全网推荐。2023年,《红土评论》栏目发布800多篇评论稿件,稿件总阅读量达到1亿以上,被"学习强国"学习平台推送的稿件达到500多篇。

《红土评论》栏目聚焦各领域热点话题,在文字评论的基础上创新使用视频评论、漫画评论等网络评论形态,将评论内容形象生动地呈现,增加了可读性和可视性,让党的好声音传播得更远更广,为净化网络空间环境、壮大主流舆论声音作出了应有的贡献。

四、发挥舆论引导作用,报端融合打造系列重磅红色作品

为庆祝建中国共产党成立100周年,让青少年了解党史,接受党史学习教育,江西日报社提前精心策划,打造了一系列重磅红色作品,营造了浓厚的喜庆氛围。

(一)"听老兵爷爷讲党史故事"系列活动

"听老兵爷爷讲党史故事"系列活动从2021年3月启动,由退伍老兵到中小学宣讲感人的党史事件和党员故事，激发青少年的学习热情和爱党情怀。该系列活动以融媒体直播的形式进行呈现，共产生20个融媒体产品，在《江报直播室》、"学习强国"江西学习平台、江西日报微博、江西新闻客户端等媒体报道后，点击率达200万次。

（二）《百年大党为何风华正茂》系列述评

2021年5月27日，《江西日报》推出《百年大党为何风华正茂》系列述评，从坚定信仰、忠于人民、求真务实、敢于斗争等方面，立足江西红土地，深入总结剖析我们党长盛不衰的原因，以观点为统领，以重大事件、重大地标、重要人物为经，以中国共产党百年奋斗历史为纬，突出革命、建设、改革及新时代的发展。

江西新闻客户端通过配发丰富的图片、在客户端首屏重要位置突出呈现等新媒体包装手段，持续做好评论文章的刊发和融媒体包装工作。截至目前，共刊发《百年大党为何风华正茂 | 坚定信仰，让我们矢志追求真理》《百年大党为何风华正茂 | 忠于人民，让我们共创历史伟业》《百年大党为何风华正茂 | 实事求是，让我们走在时代前列》《百年大党为何风华正茂 | 敢于斗争，让我们从胜利走向胜利》等4篇评论文章，阅读量超17万人次。

（三）《档案里的共产党人》系列专题视频

在第十四个国际档案日之际，江西日报社联合江西省档案馆推出系列专题视频《档案里的共产党人》，江西新闻客户端刊发了第一期融媒体产品《档案里的共产党人 | 蒋介石屠杀的第一个共产党员，是他！》，稿件阅读量超10万人次。

（四）"红色传家宝"全省青少年寻访活动

为寻找红色符号，留住红色记忆，江西日报社策划发起"红色传家宝"全省青少年寻访活动。青少年既可以参与微博话题#晒晒红色传家宝#讨论，上传自己家中的红色传家宝图片，也可以向活动主办方提供线索，邀请到家中采访并拍摄微视频。

截至2021年底，《红色传家宝 | 珍贵的军衔肩章》《"红色传家宝"第一期 | 严浩宇：二太公的开国少将肩章》《红色传家宝 | 太爷爷的"老红军光荣负

伤残废纪念证"》《红色传家宝|动听的井冈红谣》等4篇微视频在江西新闻客户端等平台上展播,稿件阅读量近20万人次。

五、持续宣传党的好声音

习近平总书记指出:"读者在哪里,受众在哪里,宣传报道的触角就要伸向哪里,宣传思想工作的着力点和落脚点就要放在哪里。"①理论宣讲同样如此,人民群众在哪里,党的声音就要传播到哪里。

（一）充分发挥新型主流媒体在党史宣传中的作用

新型主流媒体在党史学习教育的宣传中要做好"创新、创新、再创新",充分利用各种新技术来改进媒体传播方式,重视集成研发,创建具有强大传播力的新型网络平台。宣传形式的创新,要做到理论与实际结合、全面与生动结合、立体与平面结合,让媒体受众能更好地掌握党史知识,接受系统的党史学习教育,让他们体会到心怀"国之大者"的重要意义。在内容的呈现方式上,要创新使用H5、Vlog、直播等新媒体产品形式,使重点报道实现全面推送,推动党史学习教育深入人心。

（二）党史应该走进人民群众而不能躺在"故纸堆"

讲政治是新型主流媒体宣传党史学习教育的第一位,在党史学习教育的宣传工作中,以服务普通党员和人民群众为根本,人民至上,要把镜头对准普通党员和百姓,做到服从服务于党和国家大局不错位、党和人民需要时不缺位。

充分发挥报、刊、台、网、微、端等各平台的优势,展示党的百年辉煌历程和伟大功绩,广泛宣传开展党史学习教育的好做法、好经验、好成果,精心策划和组织党史学习教育、讲好党史故事的典型宣传,为党史学习教育营造良好的舆论氛围,做到学党史、悟思想、办实事、开新局,高标准高质量地完成党史学习教育各项任务,为重塑新型主流媒体的新时代形象注入强大精神动力。

---

① 李明.提升宣传思想工作质量和水平[N].人民日报,2018 - 09 - 12(07).

（三）创新话语体系,零距离和读者充分互动

在网络平台进行党史宣传时,要树立正确党史观,着力创新,突出网络宣传语言特点和风格,根据自身特点策划新媒体时代适合传播的精悍短小的内容,用微话题讲好党史故事,使之体量虽小、分量不减,提炼出易于吸收的"干货",让严肃党史适应网络的"轻阅读"模式。

在互联网宣传过程中要避免"自说自话",注意做好线上与线下联动,开通互动话题、设置互动栏目等方式,实现读者与读者、读者与编者的思想碰撞,将传统媒体的权威性、公信力、把关力与互联网传播的便捷性、及时性相结合,形成优势互补,提升党史宣传的针对性和精确度。

第三节　落实政治责任

作为省委机关报,江西日报深入学习贯彻习近平新时代中国特色社会主义思想,坚决贯彻落实习近平总书记对做好意识形态工作提出的一系列新思想、新观点、新论断,深刻领悟"两个确立"的决定性意义,增强"四个意识"、坚定"四个自信"、做到"两个维护",忠实履行党的新闻舆论工作职责使命,始终以正确的政治方向为引领,坚持"方向凝聚力量"的办报宗旨、"改革创新提高"的办报理念,积极构建全媒体传播格局,加强队伍建设,为全面建设社会主义现代化江西提供强大精神动力和舆论支持。

一、2020 年度政治责任落实情况[①]

（一）政治方向

做好习近平总书记系列重要讲话精神的宣传阐释。习近平总书记再次视察江西一周年之际,江西日报推出 8 个版的一周年特刊以及江仲平文章,融媒体作品《记忆——回望总书记 2019 年视察江西足迹》,浓墨重彩反映总

---

① 摘录于《江西日报社会责任报告(2020 年度)》。

书记视察江西一年来赣鄱大地发生的深刻变化。全国两会期间,做好习近平总书记参加代表团审议和政协委员联组会议讨论活动报道,全方位展示习近平总书记与代表委员共商国是的精彩瞬间。

做好决胜全面小康、决战脱贫攻坚报道。江西日报长期开设"决战决胜脱贫攻坚"专栏,启动"决胜全面小康决战脱贫攻坚"重大主题宣传,推出"走向我们的小康生活"主题采访活动,推出的"脱贫攻坚的政治密码——关于江西四个贫困村的调查与思考"系列报道,成为阶段性江西日报脱贫攻坚报道最大的亮点。

做好全国性、全省性重要会议、重大活动报道。报社围绕2020中国航空产业大会、世界VR产业大会等重要会议、活动的宣传报道等,推出了一批"现象级"融合传播作品。①

(二)舆论引导

做好新冠疫情防控以及疫情防控常态化报道。报社第一时间启动应急机制,所属媒体纷纷开设"众志成城抗击疫情"专题专栏,派出两名记者随援助湖北随州医疗队出征,推出"战'疫'60天"的"18 + N"特刊,推出20多条千万级以上爆款融媒体产品,不断凝聚起众志成城、同舟共济、共克时艰的强大正能量,展现了省级主流媒体的责任和担当。

紧贴受众需求注重改进创新。2020年,江西日报版面改革尝试重大报道创新,如深圳特区成立40周年、浦东新区成立30周年版面受到好评,特别是纪念抗美援朝70周年报道,在江报历史上第一次尝试竖连版,社会反响热烈。②

(三)舆论监督

把握舆论监督的"时、度、效",有力地推动一大批群众关注的难点、热点问题得到解决,彰显了党报的权威性和影响力。其中,调查报道《62吨设备掉落高速指定救援公司要价4万元司机质疑:为何别家便宜一半?江西高速集团赣州管理中心:收费过高,已退回2.16万元》《买到不结果脐橙苗谁来管?石

---

①② 大江网.江西日报社会责任报告(2020年度)[EB/OL].(2021 - 06 - 15)[2023 - 08 - 25].https://tt. m. jxnews. com. cn/news/1320742.

城贫困户周发金种植带病果苗三年血本无归索赔难》获得省委主要领导同志的批示。据统计，2020年内参共获省领导批示106件（次），再创历史新高。①

（四）对外传播

鼓励突出"江西视角"，促使采编人员以更为开放的心态，寻找中国、江西与外部世界的话语共同点和利益交汇点。如报道安远县鹤子镇农民魏韶珍通过直播帮助村民销售农产品的短视频《直播成了新农活》，引起了美国记者的关注并专程据此前去采访，魏韶珍因此成为新时代中国新农民的代表。②

二、2021年度政治责任落实情况③

（一）政治方向

一年来，江西日报坚持不懈用习近平新时代中国特色社会主义思想凝心铸魂，坚持围绕中心、服务大局，坚持"凡重大、必创新"，紧紧围绕建党百年、党史学习教育、脱贫攻坚、全面小康、乡村振兴、生态文明、抗击疫情，以及党的十九届六中全会、全国两会、省第十五次党代会、省两会等主题主线，通过精心策划、精致打磨、精美呈现，推出了一批有质有量、有声有色的宣传报道。如在脱贫攻坚决战决胜的关键时刻，推出32个版的《江西扶贫档案》特刊——"战贫记"；在喜迎中国共产党成立100周年的重大时刻，推出12个版的特别策划"红色印记百年荣光"、10个版的庆祝中国共产党成立100周年大会特别报道；省第十五次党代会期间，报社各纸质媒体共计推出新闻报道50余个版、发稿100余篇，各新媒体平台发稿1000余篇，总阅读量超3000万，让读者感受到党报主题主线宣传沉甸甸的分量。④

（二）舆论引导

聚焦重大战略、重点产业、重要会议，江西日报策划推出一系列具有战略高度、思想高度的新闻报道。在习近平总书记视察江西两周年之际，以四个整版篇幅，展现赣鄱大地"产业强、生态美、百姓富、干劲足"的新画卷；推

---

①②④ 大江网.江西日报社会责任报告（2020年度）［EB/OL］.（2021-06-15）［2023-08-25］.https://tt.m.jxnews.com.cn/news/1320742.

③ 摘录于《江西日报社会责任报告（2021年度）》。

出"沿着高速看江西"主题采访,展示了全省凝心聚力描绘好新时代江西改革发展新画卷的生动实践;围绕"大南昌都市圈调查与思考",以 3 个版深入解读大南昌都市圈建设的成绩、挑战及未来之路;紧盯中部地区高质量发展的江西行动,以 5 个版刊发"一线观察"解读分析文章,为高质量发展找差距、谋思路,坚定发展信心、汇聚奋进力量。①

（三）舆论监督

推出《高标准农田竟然种不了田》《被承包的 800 亩农田怎么就变成了鱼塘》《从"跑马圈地"到规范运营南昌破解共享电单车"围城"之惑》《纯电动汽车被收尾气检验费》《学校验收了工资被拖欠》等一批反响强烈的舆论监督报道,既改善了政府工作,又彰显了党报权威。此外,2021 年江西日报推出内参报道 95 篇,其中 21 篇推动了问题的解决。②

（四）对外传播

精心策划有关江西生态、非遗、陶瓷等特色资源的议题,推出"湖口草龙""湘东皮影戏""临川藕丝""乐安傩舞"等江西非遗传承人中英文视频;及时推出《神奇物种在江西》特别策划,解码生物多样性保护的江西智慧;从鄱阳湖候鸟、湖区湿地、爱鸟护鸟人士等角度,制作 6 个双语短视频推送分发,推进江西生态故事的全球化表达;作品《从"天净沙"到"维多利亚"——爱德华一家在婺源》从中英跨国夫妇着笔,亲历、见证中国乡村振兴战略,文笔隽永,笔触感人,作品在海外媒体落地。③

三、2022 年度政治责任落实情况④

（一）政治方向

把迎接宣传贯彻党的二十大作为全年报道主题主线,尤其把做好党的二十大新闻宣传工作作为重大政治责任和光荣历史使命,组建成立由社长、总编辑任总指挥的党的二十大报道总指挥部,以最高标准、最严要求、最强

————————

　　①② 大江网.江西日报社会责任报告（2020 年度）［EB/OL］.（2021 - 06 - 15）［2023 - 08 - 25］.https://tt.m.jxnews.com.cn/news/1320742.

　　③ 大江网.江西日报社会责任报告（2021 年度）［EB/OL］.（2022 - 04 - 20）［2023 - 08 - 25］.https://tt.m.jxnews.com.cn/news/1561940.

　　④ 摘录于《江西日报社会责任报告（2022 年度）》。

力量、最好效果，前后方紧密联动，通过"报网端微屏"全媒体矩阵，瞄准人工智能等新科技发展动态，构建集合文字图片、短视频、数据新闻、地图新闻、AI 主播视频、VR、AR、MR、XR 和流媒体等多种形式的全媒体产品，全媒体、全平台、全时段、全方位展示党的二十大盛况，有效推动党的二十大宣传报道主题突出、深度聚焦、有声有色、平稳有序，凝聚起奋进新征程、建功新时代的精神力量。据不完全统计，江西日报社各报纸共计推出党的二十大新闻报道 128 个版、发稿 500 余篇；各新媒体平台发稿 1000 余篇，全平台总阅读量突破 3 个亿。①

（二）舆论引导

认真贯彻落实中央和省委的决策部署和工作要求，围绕北京冬奥会、全国两会、习近平总书记视察江西三周年和六周年，"三个 95 周年"、安源工运百年、苏区振兴十周年等重要节点，发挥党报传统优势，策划推出一系列精品力作，使重大主题宣传报道形成强大声势。抓住统筹疫情防控和经济发展、全面建设"六个江西"、双"一号工程"、稳企纾困、文化强省建设、"强攻二季度、确保双过半""拼搏三季度、奠定全年胜""决战四季度、夺取全年胜"等重大主题，以及世界 VR 产业大会、文化强省建设大会、景德镇国际陶瓷博览会等重要会议和活动，采写了一大批得到社会各界称赞的高质量报道，形成正面舆论强势。②

（三）舆论监督

围绕党和政府明令禁止、人民群众深恶痛绝的现象和问题，持续做好建设性舆论监督报道，推出《木仓信息入赣奇遇记》《山区照搬平原改造模板？高标准农田建成后被撂荒》等一批反响强烈的舆论监督报道，既改善了政府工作，又彰显了党报权威。2022 年，《江西日报》推出内参报道 12 期 117 篇，其中 66 篇推动了问题的解决。③

---

①②③　江西日报.江西日报社会责任报告(2022 年度)[EB/OL].(2023－04－13)[2023－08－25].https://www.hubpd.com/#/detail? contentId=8358680908401651208.

（四）对外传播

江西国际传播中心与江西新闻客户端联合推出"见证非凡 外国人看中国"栏目，以国际友人的视野，通过短视频＋中英文双语字幕的形式，推出《达丽娅：中国给我机会让我能够实现梦想》《金峻范：品"海纳百川"的城市文化》《马凯：中非合作架起友谊桥梁》等系列作品，把中国经验生动立体地展现给海内外读者。澎湃新闻客户端、搜狐网、腾讯网等众多媒体纷纷转发，江西国际传播中心通过脸书等海外平台专栏推荐，众多国际友人转发点赞。江西国际传播中心开设"见证非凡：聚焦二十大"专栏，在海外平台进行了广泛推广，全网总阅读量超 1000 万人次。①

四、2023 年度政治责任落实情况②

（一）政治方向

以学习宣传贯彻党的二十大精神、习近平总书记考察江西重要讲话精神为主线，推出了一系列有思想、有分量、有影响力的报道。其中，以最高政治站位做好习近平总书记第三次考察江西新闻报道，推出的 16 个整版特别报道效果良好；把学习贯彻习近平新时代中国特色社会主义思想主题教育宣传报道工作作为重大政治责任，策划组织了两批主题教育重要节点和日常性的宣传报道。江西日报社线上解决民生诉求的做法、"高标准高质量开展好第二批主题教育"系列评论员文章、大江网"问政江西"栏目广受好评，为深入开展主题教育营造了良好舆论环境。③

（二）舆论引导

认真贯彻落实中央和省委的决策部署和工作要求，围绕全国两会、杭州亚运会、纪念毛泽东诞辰 130 周年等重要时间节点，发挥党报传统优势，策划推出一系列精品力作，使重大主题宣传报道形成强大声势。抓住"全力拼经济奋战开门红""推动全省经济回稳向好""强信心""一线话信心""高质量

————————
　　① 江西日报. 江西日报社会责任报告（2022 年度）［EB/OL］.（2023 － 04 － 13）［2023 － 08 －25］.https：//www.hubpd.com/#/detail? contentId ＝8358680908401651208
　　② 摘录于《江西日报社会责任报告（2023 年度）》。
　　③ 江西新闻网.江西日报社会责任报告（2023 年度）［EB/OL］.（2024 － 04 － 07）［2024 － 04 －10］.https：//jiangxi.jxnews.com.cn/system/2024/04/07/020455830.shtml.

发展调研行"等重大主题,以及世界 VR 产业大会、文化强省建设大会、景德镇国际陶瓷博览会、2023 战略传播论坛等重要会议和活动,采写了一大批得到社会各界称赞的高质量报道,形成正面舆论强势。①

(三)舆论监督

围绕党和政府明令禁止、人民群众深恶痛绝的现象和问题,持续做好建设性舆论监督报道,推出《村里共 97 户却建了 158 栋住房涉嫌非法买卖宅基地金溪县有关部门立案调查》《瑞金红军小区拆除重建,房龄不足 20 年又开始改造——房屋未达年限却被列入旧改》等一批反响强烈的舆论监督报道。与此同时,通过内参反映情况、解决问题,2023 年推出内参报道 121 篇,既改善了政府工作,又彰显了党报权威。②

(四)对外传播

2023 年,江西日报社国际传播中心持续加强国际传播能力建设,打造既有机构账号、又有个人账号,多层次、立体式的国际传播矩阵,全年策划制作双语海报、双语视频、多语种新闻等形式的外宣融媒体作品 300 余件,其中独家双语视频《驻华大使:我在景德镇看见了"中国梦"》全球点击量超 1100 万、《国际青年看两会》全网阅读量累计超 1000 万。③

①②③　江西新闻网.江西日报社会责任报告(2023 年度)[EB/OL].(2024 - 04 - 07)[2024 - 04 - 10].https://jiangxi.jxnews.com.cn/system/2024/04/07/020455830.shtml.

第五章

移动为先：打造主流"移动"党报

为做到移动为先，《江西日报》在移动端发力，优先发展移动新媒体，一方面通过入驻第三方新媒体平台，"借船出海"，另一方面打造自有新媒体平台，"造船出海"，两手都要抓，两手都要硬。从2011年起，江西日报社大力发展党报新媒体，推动媒体融合，全力打造一份有影响力的主流"移动"党报。2015年1月，江西日报社正式组建新媒体部，负责江西日报微博、微信公众号等新媒体业态及媒体融合工作。到2017年为止，江西日报社已逐步形成了报纸、网站、微博、微信公众号、手机报、手机网、客户端等8种媒体形态，成为国家新闻出版广电总局第二批"数字出版转型示范单位"。到2023年，江西日报社已经在移动端成功打造主流"移动"党报，基本建成全媒体传播体系，从媒体融合向媒体深度融合迈进。

《江西日报》作为"宣传主力军"挺进移动新媒体主战场，推行"先端后报"战略，优先在移动新媒体发稿，抢占互联网阵地，占据信息传播制高点，旨在提高省级党报在移动互联网的覆盖面和影响力，传播主流声音，壮大主流舆论格局，确保党在网络意识形态工作上的话语权。

第一节　入驻第三方新媒体平台

一、开通江西日报微博

新浪微博从 2009 年推出,在 2010 年发展迅速,成为热门的新媒体平台,吸引了大量用户。《江西日报》的官方微博于 2011 年 2 月 26 日正式开通,是全国党报中较早开通的党报法人微博。

图 5 - 1　江西日报微博

图片来源:新浪微博　https://www.weibo.com/u/1991123083? tabtype = feed

江西日报社致力于将江西日报微博打造成为一个核心价值体系凝聚的高地、一个主流舆论的传播平台和一个网民观点互动的交流家园,办一份有速度、有温度、有力度、有态度的"微党报"。

有速度,就是推送正在发生的新闻。江西日报微博讲究时效性,无论是在突发事件现场,还是在全国"两会"等重大新闻现场,江西日报微博记者总是在第一时间赶往新闻现场,采用微直播的方式报道新闻事件。

　　有温度,就是守护正能量,传播爱心。江西日报微博关注民生,坚持举办公益活动,进行慈善传播。从 2012 年开始,江西日报微博在"六一"儿童节联合高校发起"微爱留守"关爱留守儿童爱心公益活动,招募高校大学生作为志愿者与留守儿童结对帮扶。此外,江西日报微博还发起了"为赣南山区孩子捐一本书""寻找南昌 520 公交车走失小男孩"等爱心公益活动,以微博之力向社会呼吁,帮助那些困难的人,赢得粉丝的点赞和参与。

　　有力度,就是舆论监督有力度。通过开通"微热线",开办《党报帮你办》栏目,记者编辑轮流担任虚拟主持人"江报君",发挥媒体舆论监督的作用,解决了大量百姓的切身难题,受到粉丝热烈追捧,成为不折不扣的"网红"。

　　有态度,就是坚持公信力,让权威言论跑在谣言的前面,牢牢掌握新闻话语权,传递正确的观点、准确的信息和主流的声音。江西日报微博开通的评论类栏目《你好,江西》和《静夜思》既保持了公信力,又不失亲和力,累计获得 3 亿多次的阅读量。

　　江西日报微博开设了《微观察》《微直播》《微评论》《微追踪》《微话题》

图 5-2　2020 年第三届中国新媒体发展年会排行榜"年度全国省级党报十佳微博"

图片来源:南方网 https://news.southcn.com/node_54a44f01a2/80708f6039.shtml

等栏目,保证微博的发稿量和原创性,并开设了多个报网互动栏目,包括《江报直播室》《微博大赛》《江报每日微话题》《见微知著》等,加强了报纸与微博的互动,推动传统媒体和新兴媒体的融合。

经过努力建设和运营,江西日报官方微博被评为"2012 年全国十大党报微博",在 2020 年度第三届中国新媒体发展年会排行榜荣获"年度全国党报十佳微博"称号。

2021 年 3 月,结合三星堆考古发现的热点,江西日报微博与四川、河南、北京等全国媒体联动,发起"江西文物来 battle"话题,阅读量超过 700 万人次。

二、开通"江西日报"微信公众号

微信公众号功能于 2012 年 8 月正式推出,迅速成为继新浪微博之后的新媒体平台,吸引了上亿用户。省级党报微信公众号是继省级党报法人微博之后的新的媒介形态,旨在提高省级党报对微信用户的影响力,从而确保党占领移动互联网阵地,掌握网络话语权。"江西日报"微信公众号在 2013年 5 月 20 日上线,是全国第二个开通的省级党报微信公众号。根据党报的定位和微信的特性,江西日报社确立了"江西日报"微信公众号的运营原则:

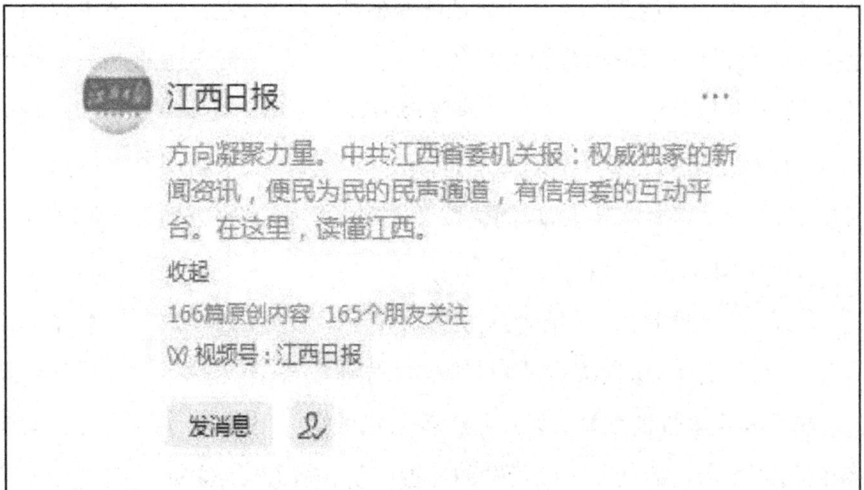

图 5 - 3　江西日报微信公众号

图片来源:腾讯微信

提供权威独家的新闻资讯,构建有信有爱的互动平台,打造便民为民的民声通道。

(一)提供权威独家的新闻资讯

"江西日报"微信公众号作为省级党报公众号,在内容运营上要发挥多元、快速、直观、互动的新媒体优势,及时向用户推送权威、独家、形式新颖的热点新闻资讯,让用户喜闻乐见。

2015年12月11日,《江西日报》刊登了通讯《生命长歌——记南昌大学第二附属医院呼吸内科主任况九龙》,报道"最美医生"况九龙的精湛医术和高尚医德。在除了转载至公众号时,新媒体部编辑一方面对该通讯的标题进行了修改,将原标题改为《今天我把头条留给这位医生,他的故事感动45211600人……》,增加了悬念,激发用户点击阅读的兴趣;另一方面,以图文并茂、音视频叠加的形式在公众号上进行了报道,做到纸媒优质原创内容与新媒体形式的完美结合。文章在当天公众号头条发布后,周阅读数达到"10万+",周点赞数达到5330,一举进入当周江西媒体微信热门文章榜。

2016年12月3日,李克强总理在收到江西瑞金果农邓主平的来信和两箱脐橙后,给邓主平回了一封信,并捎去购买两箱脐橙的200元钱。2016年12月5日,邓主平收到了李克强总理的回信和200元钱,这件事情迅速在村里引起轰动,村民们争相传阅总理的回信。新媒体部编辑得知这一重磅消息后,在公众号上推出文章《李克强总理为赣南脐橙点赞,还捎来了一封信和200元钱……》,对该事件进行了详细宣传报道。文章瞬间成为热点引爆网络,用户纷纷点赞和转发,周阅读数突破"10万+",周点赞数达到1315。

(二)构建有信有爱的互动平台

为了将"江西日报"微信公众号建设成有信有爱的互动平台,新媒体部提出了"日日有策划,周周有活动"的运营思路,先后策划执行了一系列充满了趣味性和互动性的活动,吸引了众多用户的关注和参与,起到了拉新、留存、促活的作用。活动还可以给赞助商做广告,进而获得盈利。

1. 紧扣特定节日,策划相应主题活动

节日是人们生活中值得纪念或庆祝的重要日子。紧扣每年的特定节日,江西日报社新媒体部策划了许多主题活动。

在 2015 年 11 月 14 日至 12 月 12 日,新媒体部策划主办了第九届梅岭登山节暨南昌首届湾里万人骑行节,邀请 2012 年伦敦奥运会女子场地自行车凯琳赛银牌得主郭爽来南昌与骑友们同骑,并现场分享其个人的成长及为国争光的经历。骑友可通过公众号上传随手拍的照片,参与通关赛并赢得奖品,很多骑友对此点赞:"不仅能享受运动的快乐,还能参与互动评奖,这个活动办得真不错!"这次活动规模空前,影响巨大,共吸引南昌及周边地市骑行爱好者近万人参与,微信后台收到骑友随手拍作品千余件。

在 2016 年国庆节,新媒体部策划了"黄金周随手拍大赛",微信用户搜索关注"江西日报"公众号,即可在对话框上传黄金周拍摄的照片,新媒体部编辑每天从网友上传的照片中挑出 9 张(组)照片在"江西日报"微信公众号发布,凡被选中者均有奖品。另外,由专家每天评选 3 张(组)当日最佳照片,参加总决赛,角逐更高奖项。黄金周 7 天一共产生 21 张(组)照片进入总决赛。2016 年 10 月 8 日,新媒体部编辑公布进入总决赛的 21 张(组)照片,由网友投票选出金奖、银奖、铜奖各 1 名,优秀奖 7 名,获奖结果于 2016 年 10 月 16 日通过微信公众号发布。

此外,新媒体部还在重阳节策划了"重阳节让爱回家"活动;在护士节策划了"点赞最美护士"活动;在花卉节策划了"寻找郁金香花仙子"活动;在圣诞节策划了"你许愿我实现"活动。

2. 借助党报公信力,策划投票评选活动

2016 年 11 月,新媒体部策划了江西省公信力最强的"江西装饰行业金口碑榜"评选活动,微信用户可以通过公众号中的"金口碑评选"菜单,进入投票页面参与投票。除了微信投票外,新媒体部征集多名消费者进行实地考察和体验评分,邀请多名权威专家进行评审。最后,新媒体部根据微信投票得票率、消费者体验评分以及专家评审,客观公正地评选总分前 30 名的装饰企业为"江西金口碑装饰企业 30 强",总分前 10 名的装饰企业为"江西十大金口碑装饰企业"。

此外,新媒体部还借助党报的公信力和影响力,策划了"江西省建设厅优秀公仆评选"活动和"江西省优秀志愿者(团队)评选"等投票评选活动。

　　3. 发挥党报号召力,策划慈善公益活动

　　2016 年 7 月,江西南昌出现高温炎热天气,7 月 24 日最高气温达到 40.5 度。江西日报新媒体部在微信公众号上发起"为夏日里最让你感动的人送清凉"众筹活动,接收微信用户捐助的善款并及时公布善款数额,用善款采购避暑物资,为坚守工作岗位的交警、环卫工人、建筑工人送上一片清凉。

　　(三)打造便民为民的民声通道

　　"江西日报"微信公众号开通之前,人民群众可以通过热线电话、中国江西网《问政江西》栏目、《党报帮你办》栏目微博、《江西日报》的官方微博等渠道反映诉求和问题。公众号上线后,新媒体部贯彻践行党的群众路线,努力将其打造成便民为民的民声通道,倾听民声、了解民意、汇聚民智、解决民忧,加强党报与人民群众的联系,极大地方便人民群众。人民群众关注了微信公众号后,可以向公众号直接发送信息,反映诉求和问题。新媒体部编辑在后台看到这些信息后,会对信息进行及时回复和统一回复,并进行相应的处理。

　　1. 接受咨询求助

　　当人民群众,特别是贫困群体和弱势群体遭遇天灾人祸,生活无法保障,急需社会的救助时,可以在公众号发送信息进行咨询求助。新媒体部编辑看到信息后,先派记者与当事人取得联系,确保信息的真实性,然后通过《江西日报》官方微博和《党报帮你办》栏目微博等媒体发布求助信息,引起社会的关注,发动力量进行帮助。作为有社会责任感的《江西日报》新媒体,近年来已经多次帮助农民解决问题,如抚州农民西瓜滞销、九江农民南瓜滞销、吉安农民葡萄滞销、樟树农民冬瓜滞销等信息都通过《江西日报》的微博、微信公众号发布扩散,从而打开销路。2015 年 11 月,连日的阴雨天气使新余、抚州等多地的蜜橘被水浸泡严重,果农紧急求助。新媒体部收到求助信息后,急果农之所急,发挥新媒体矩阵的合力,为果农们发布信息,及时找到销路。

2. 接受投诉举报

当人民群众的正当权利和切身利益受到损害，或者发现损害人民群众利益的不正之风时，可以向公众号发送信息进行投诉举报。新媒体部编辑看到信息后，先派记者采访调查，一经查实，将通过《内部参考》《问政江西》、大江网《问政江西》栏目等多种渠道进行报道，从而引起相关职能部门的重视和处理，履行党报舆论监督的职能。

3. 接受建言献策

当人民群众对建设美丽江西、促进江西发展有睿智之言和务实之策时，可以向公众号发送信息进行建言献策。新媒体部编辑看到信息后，将对意见和建议进行整理，提交给相关职能部门。

经过江西日报社新媒体部四年的运营，到 2017 年，"江西日报"微信公众号已经拥有近 400 万粉丝用户，影响力排在全国省级党报前列，荣获 2020 年度第三届中国新媒体发展年会排行榜"年度全国党报十佳微信"。

图 5 - 4　2020 年第三届中国新媒体发展年会排行榜"年度全国省级党报十佳微信"

图片来源：南方网 https://news.southcn.com/node_54a44f01a2/80708f6039.shtml

图 5 – 5　2020 年度全国省级党报十佳微博、十佳微信奖杯

三、开通其他平台官方账号

除了微博和微信公众号这两个平台之外,《江西日报》还在人民日报客户端、今日头条、抖音、学习强国等多个第三方新媒体平台注册官方账号,并取得了较好的传播力和影响力。

2020 年,人民网研究院公布全国党报融合传播指数,《江西日报》账号获得"入驻 APP 传播力全国十强",《江西日报》头条号获评"党报头条号平均阅读量全国十强",《江西日报》的抖音号多次位列抖音官方"全国党报十大影响力抖音"。

第二节　建设自主可控新媒体平台

随着互联网的兴起和家用电脑的普及,用电脑上网成为一种新的信息获取方式,为顺应从翻阅到点击的变革,新闻网站成为传统纸媒转型发展的方向。中国江西网成立于 2000 年 9 月,由江西日报社主办,是江西省首家由国务院新闻办网络局批准成立的新闻网站。2012 年 11 月 26 日,中国江西网、大江网、江西文明网整合为新的大江网。《江西日报》和大江网是江西日报社的两大重要媒体平台,报网一体互动,提供日常的信息服务。

随着移动互联网的兴起和智能手机的普及,用手机上网成为一种新的资讯获取方式,为顺应从点击到划屏的变革,手机报、新闻客户端等成为传统纸媒转型发展的方向。江西日报社秉持移动优先的理念,开始在手机端发力,打造了江西手机报、江西手机网、江西新闻客户端、大江新闻客户端等自主可控新媒体平台。

一、江西手机报

《江西日报》从创刊以来,一直以报纸的形态呈现,属于纸质媒体。江西手机报是江西省委手机版党报,创刊于 2014 年 2 月 25 日,由中共江西省委宣传部、省互联网办公室主管,江西日报社主办,是江西省"两报、两台、两网"六大省属重点新闻媒体之一。

江西手机报以短信、彩信、移动网站、手机客户端等多平台全媒体形式传播党和政府的声音,发挥应急宣传功能,积极传递正能量,始终与省委、省政府中心工作同心同向、同频共振,是江西省又一重要舆论阵地。关注民生、服务百姓,为读者提供多样化生活与便民服务资讯,是百姓的"贴身好帮手"。截至 2016 年 12 月,江西手机报已拥有 1200 多万用户,平均每三个江西手机用户中就有一人是手机报读者,人均覆盖率居全国前列,创造了江西传媒发展的奇迹。①

2016 年 7 月 12 日,在成都召开的全国手机报新媒体发展推进现场会上,江西手机报的发展经验被中央网信办重点介绍。

二、江西日报手机网

手机网是基于手机 wap 标准开发的网站。2016 年 12 月 12 日起,江西

---

① 参见手机江西.《江西手机报》正式上线开通[EB/OL].(2014 - 02 - 27)[2023 - 08 - 25]. https://mp.weixin.qq.com/s?__biz=MjM5NDAzOTQwMQ==&mid=200043149&idx=1&sn=f994698ec19eef90ecd1032ba0a9afa6&chksm.2895198b1fe2909dfe94080c4bb817ff1a8a1bf5fd95a8bdb4291af4282cdd321fe9b57745a7&scene=27.

日报手机网正式上线,实现了党报资讯"报纸－电脑PC端－手机wap端"的无缝衔接。

　　江西日报手机网上线初期设置有《读报》《头条》《江西》《评论》《民生》《文体》《财经》《副刊》《专题》以及《映像》等栏目,信息内容更侧重于短、实、新、快的特点。手机网不像App需要用户下载,只需用手机、IPAD等移动平台自带的浏览器就能便捷浏览,并且所有内容都可以通过搜索引擎搜索,与App相比更为开放。用户通过手机、平板电脑等移动平台将江西日报手机网收藏后,不仅可以在手机上流畅快捷地阅览《江西日报》电子版内容,还可以第一时间获取江西日报传媒集团各大媒体提供的各类新闻"套餐",一键分享功能可让用户将感兴趣的内容,分享到微博、微信、QQ空间等移动终端,让党报宣传阵地快速"移动"起来。

　　江西日报手机网在wap端上线,开全国省级党报先河,是党报抢占新闻舆论制高点,提升传播力、影响力、引导力、公信力的有力尝试,进一步丰富江西日报社多媒体、多平台的传播矩阵,打造多样化、个性化、对象化融合产品,实现传统媒体与新兴媒体优势互补、融合发展。①

　　三、江西新闻客户端

　　2019年1月1日,江西手机报客户端升级为江报新闻客户端,亮相近50天,江报新闻客户端更名为江西新闻客户端,2019年6月5日,江西新闻客户端正式上线。江西新闻客户端定位为省委、省政府舆论主阵地,统一发声主平台,对外宣传主渠道,是江西最大的移动新媒体。江西新闻客户端与《江西日报》深度融合,实行部门负责频道制,即《江西日报》的采编部门与江西新闻客户端的频道对接。经过四年的运营,江西新闻客户端下载用户超过2000万,承建市县级融媒体中心70多个,由客户端重点打造的"赣鄱云"融媒体矩阵用户超过6000万,覆盖人群1.5亿,成为具有强大传播力和全国影响力的省级党报客户端。②

---

　　①　参见江西日报.打造主流"移动"党报 江西日报手机网正式上线[EB/OL].(2016－12－13)[2023－08－25].https://www.sohu.com/a/121477264_121434.
　　②　鲁建军.省级党报融媒体中心运营策略研究[J].传媒论坛,2023(08):83－85＋104.

（一）把握大势，未雨绸缪，敢领风气之先

1. 高屋建瓴打造全国首个移动端《红色》频道

早在 2020 年底，江西新闻客户端就把握政治大势，未雨绸缪，酝酿在江西新闻客户端上线《红色》频道，使该频道成为百年党史教育中全国首个移动端专门的红色频道。

《红色》频道由江西日报社、中共省委党史研究室联合举办，江西新闻客户端承办，从 2020 年 12 月 22 日（试运行，2021 年 1 月正式上线）起每天持续更新，充分体现了主流舆论权威传播力，成为宣传党的光辉历史以及好声音的总平台。

《红色》频道上线至今，共刊发稿件 2810 余条，阅读量超 1.09 亿人次，通过文字、图片、视频、图解等多种形式，集中对中国共产党建党百年的伟大历程进行全方位、多维度、多样化的报道与呈现。

2. 精心打造系列红色专题专栏

好钢用在刀刃上。2021 年，江西新闻客户端配置了最优秀的策、采、编、播、发队伍，在头条频道全力做好《学习进行时》专题。

专题页面开设了《新时代 新作为 新篇章》《学习实践》《从严治党》《外交出访》《深化改革》《科学繁荣》《理论视野》《平语近人》《治国理政》《每日习语》等十个子栏目，系统地推出了一批有厚度、有温度、接地气的报道。专题位置常年在头条置顶，用户打开客户端，第一时间、第一眼就能看到《学习进行时》的相关稿件内容。截至 2021 年 12 月 31 日，该专题发稿 13291 篇，阅读量达 3.8 亿人次。

据统计，一年多来，江西新闻客户端共开设相关红色专题达 25 个，最近还新设置了"在这里读懂初心使命""足迹——庆祝建党 100 周年""新思想引领新征程——红色足迹"等专题，浓墨重彩地为宣传好红色文化营造了良好的舆论氛围。

（二）形式多样，融合创新，全媒体打造重磅作品

1. 刷新传播形式，独具匠心推出有声海报

为做好做活习近平总书记重要思想宣传，江西新闻客户端注重长效传

播有效触达,刷新传播形式,以图、文、音频、视频并茂的融媒形式,持续推出独具匠心设计的《每日习语》系列主题有声海报。

《每日习语》以习近平总书记在庆祝中国共产党成立100周年大会等会议上的讲话原音为背景音,选取讲话金句,以视觉、听觉方式同步传播,设计喜庆大气,内容简洁有力,坚持每天以江西新闻客户端最重要、最醒目的开机画面首发,同步"江西日报"微信公众号、《江西日报》的官方微博、学习强国号、抖音等32个平台常态化发布。截至目前,《每日习语》系列海报共推出320余幅,各平台累计阅读量达到3.3亿人次。

2. 小切口,大主题!《党史30秒》做成"爆款"

依托《红色》频道主阵地,江西新闻客户端架构了一系列的精品专栏,常年推出重磅策划产品《党史30秒》《党史故事》《四史问答30秒》,作品以短视频、问答互动、诵读音频等形式传播,汇集海报、图文、H5、动漫、长图等丰富的表达方式,进行融媒体全平台发布。

系列策划精品成为媒体融合的"香饽饽",除了在江西新闻客户端32个平台同步推送外,《党史30秒》还在《江西日报》头版以"报端亮点"二维码方式呈现,实现了新媒体向平面媒体的内容反哺,并充分运用"赣鄱云"融媒体平台,联动省、市、县三级采访、制作、宣发,成为推动全省媒体深度融合发展的有效纽带。

《学习强国》App专门为《党史30秒》建立了专题,每篇作品均获《学习强国》推荐总平台使用。2021年,《党史30秒》系列视频作品生产推送100多期,发布融媒体海报100多张,全网累计阅读量超过2.5亿人次。

3. 与时俱进,让党的好声音有效触达青年群体

《党史青年说》由江西日报社、省委党史研究室、江西师范大学联合主办,江西新闻客户端承办。青年写,青年拍,青年读,青年互相传播,用青年师生讲述党史故事的形式,向建党一百周年献礼。新闻机构与在校师生组成融合团队,一方面使教学与实践有效衔接,双方优势互补;另一方面从青年视觉出发,作品既有主流媒体的定调把关,又有年轻人爱看的角度和表达,传播力很强。

（三）策划制胜，以活动促互动，精彩纷呈重构话语体系

为实现最佳传播效果，重构话语体系，江西新闻客户端通过精心策划，线下操作大型活动，以活动促互动，拓宽新闻产品的传播路径，巩固壮大奋进新时代的主流思想。

1. 结合江西红色资源做策划，缅怀英烈铭记历史

2021年清明假期，为弘扬红色基因，生动讲好英烈故事，江西新闻客户端深入挖掘江西红色资源，推出重磅策划《可爱的中国，今天为你缅怀》，获中央网信办全网推送，在全国掀起转发热潮。

清明期间，江西新闻客户端提前部署，推出大量形式多样的优秀原创融媒体产品，其中《清明追思|保护英雄烈士 以法律的名义》《致敬！这些天使来过人间》《文明祭扫 守护绿色清明》《H5：叮！请收下！这份移风易俗倡议书》这些作品与线下快闪、志愿服务、文明祭扫等活动完美结合，互动性强，用户参与度高，润物细无声。

2. 沿着高速看江西，红色旅游成"网红"

2021年4月6日，江西新闻客户端参与策划和报道的"沿着高速看江西"全媒体采访行活动拉开序幕。客户端派出多路融媒记者，采用直播互动、文字稿件、新闻摄影、专题视频以及H5等多种传播手段，通过客户端、微博、抖音等各种传播渠道，全景式展现江西丰厚的红色旅游资源。

全媒体稿件《沿着高速看江西|"一堂课"带富一个村》走进井冈山茅坪乡坝上村，讲述坝上村开发了"坝上红军的一天"一堂课后，村里发生的翻天覆地的变化；《沿着高速看江西|吃水不忘挖井人——瑞金红井的故事》走进瑞金沙洲坝红井景区，重温瑞金红井的故事……

为做好"沿着高速看江西"主题宣传活动报道，江西新闻客户端制作形式多样的融媒体产品，在江西新闻客户端、江西日报微信公众号、抖音、快手、微视、企鹅号等全平台刊发。话题#沿着高速看江西#总阅读量突破一亿次，浸润着深厚红色传统的革命圣地、遗址，一时间成为"网红"景点，游客纷纷"打卡"。

图 5-6　江西新闻客户端

图片来源：江西新闻客户端 http://www. jxxw. com. cn/index. php/welcome/show_news?
id=123538020&type=1

四、大江新闻客户端

2017 年，由大江网(中国江西网)打造的江西头条客户端上线，2020 年，在大江网(中国江西网)成立 20 周年之际，江西头条客户端升级改版，更名为大江新闻客户端。

大江新闻客户端是集资讯阅读、生活服务、交流互动为一体的 App 应用，坚持好看、实用、正能量的方向，致力打造权威且具有烟火气的新媒体平台，既是优质新闻的提供者，也是百姓生活中的好助手，下载量突破 1600 万。

五、"赣鄱云"融媒体智慧平台

由江西日报社自主研发，江西新闻客户端承建，江西江报融媒体传播有限公司运营的"赣鄱云"融媒体智慧平台于 2016 年 10 月份亮相，包括中央厨房、前端展示、大数据中心三个子系统，其中，"赣鄱云"中央厨房包括移动采编系统、信息加工系统、信息分发系统、集控管理系统等，重构了"中央调度、一次采集、多种生成、多元传播"的新闻生产流程。① "赣鄱云"融媒体智慧平台集纳了国内媒体融合最新理念与技术成果,其最大的特点是按省、市、县三级架构部署,实现三级融媒体中心在内容、用户、技术、终端等纵向打通共享,各地融媒体横向联成"一张网"。②

"赣鄱云"融媒体智慧平台已经形成多种媒介形态,已经构建江西新闻客户端、10 余个厅局融媒体中心、2 个设区市融媒体中心、全省 70 个县级融媒体中心和《江西日报》的微博、微信公众号、抖音、头条号、百家号等 32 个平台的强大全媒体传播体系,成为江西省最大的新型主流媒体矩阵高地。并成功跨出省门,援建了新疆"克州云"中央厨房,成为江西最大的"媒体云"。"赣鄱云"直播累计 1000 多场,点击量过亿人次;"赣鄱云"融媒体智慧平台用户超过 6000 万,覆盖人群 1.5 亿,已初步建成具有强大传播力、影响力的主流新媒体,推动"报、端、微、云"深度融合。在中国共产党成立 100 周年、党史学习教育、脱贫攻坚、乡村振兴、抗击疫情、全国两会等大型新闻报道中,"赣鄱云"(江西新闻客户端)推出了系列优质的融媒体产品,多个作品得到中宣部、中央网信办、省委宣传部、省委网信办表扬和推送,系列作品常态化获得《学习强国》App 等全国平台推送,取得了良好的社会效果。2021年 12 月,"赣鄱云"融媒体智慧平台入选 2021 年中国报业深度融合发展创新案例。2023 年 9 月,"赣鄱云融媒体智慧平台"案例荣获"2021—2022 年度全国媒体融合技术应用优秀案例奖"。

为加快推进媒体深度融合发展,构建具有强大影响力和竞争力的新型主流媒体,让主力军全面挺进主战场,"赣鄱云"融媒体智慧平台从机制体制、多级联动、技术赋能等方面启动媒体深度融合改革,推动全省各厅局和各县(市、区)媒体融合深度发展,走出了一条媒体融合的"江西路径"。

(一)高位推动,主力军全面挺进主战场

《江西日报》坚持移动优先,报端云合一,全面整合《江西日报》、"赣鄱

---

① 王晖.创新传播手段 打造舆论新平台——江西日报社以"赣鄱云"推进县级融媒体中心建设的探索与实践[J].新闻战线,2018(09)6-8.

② 张天清.打造新技术平台 助力融媒体传播[J].中国记者,2022(09):29-34.

云"、江西新闻客户端,将党报的内容优势转化为新媒体的传播优势,让主力军全面挺进主阵地,将主流声音拓展到更加广泛的舆论空间。①

为高位推动媒体深度融合,江西日报社成立了社长为组长的媒体融合推进小组,江西日报社总编辑兼任江西新闻客户端("赣鄱云"融媒体中心)总编辑,实现扁平化管理,全面提升了采编、指挥、调度、管理的效率,让江西日报社媒体深度融合高效推进。

江西日报社实行部门负责频道制。江西新闻客户端作为江西日报移动客户端,充分彰显与党报的血脉关系,体现党端属性。江西日报各采编部门负责各自口线频道,优先供稿党端党云,适应移动互联传播新形态。

江西日报社实施全员大规模培训。为尽快熟练掌握新技术、适应新流程、转型全媒体,要求全社采编人员到"赣鄱云"(江西新闻客户端)进行培训,从处级干部到编辑记者,每个人至少轮训一个月。多年来,江西日报社邀请专家学者、业界行家不定期培训,形成了普及培训和专员培训的有效结合。

江西日报社坚持先端后报原则。《江西日报》所有采编人员必须完成"赣鄱云"(江西新闻客户端)的定额考核任务,每个记者每个月从"三量"(数量、质量、流量)进行考核,并与月绩效挂钩;对各采编部门,在稿件数量、阅读量等方面进行每日排名;所有新媒体稿件参与日好稿、月好稿、年度好稿评比,实现一支队伍服务党报党云党端的全面转型。

(二)同频共振,报、端、云传播一体化

"赣鄱云"融媒体智慧平台着力推动全省各级融媒体中心深度融合。《江西日报》以"云"端统一供给中央厨房、传播平台、大数据为保证,以江西新闻客户端分端或独端为展现,实现省、市、县三级在内容、用户、技术、数据、传播平台打通共享,全省各地融媒体横向联成"一张网",走出了江西特点的媒体深度融合的新路径,构建了党报、党端、党云互融互通的新型融合体系。②

---

① 王晖. 笃守正道 以融制胜——江西日报社推进媒体深度融合的实践与思考[J]. 中国记者,2019(03):11-13.

② 陈晖. 1100万!江西新闻客户端下载量再创新高[N]. 江西日报,2021-05-26(02).

　　"赣鄱云"的引领作用带动全省各级融媒体发展。"赣鄱云"将《江西日报》作为党报的优质内容，通过江西新闻客户端得到全面展示。《江西日报》通过报端云力量有效整合，传统《江西日报》记者纷纷拿起了摄影机、无人机进行视频拍摄，争学视频编辑软件，融媒体精品不断涌现，在全省市县级融媒体中起到了典范引领作用。"赣鄱云"每个月还推出各地融媒体中心传播力及优秀作品排名，全省各地形成了你追我赶的爆款作品生产热潮，有效推动了全省各级融媒体中心向前发展。2018年5月10日下午，江西分宜县作为"赣鄱云"县级媒体融合的成功典型，在全国文化体制改革座谈会作典型发言，向全国介绍经验，得到了时任中共中央政治局委员、中宣部部长黄坤明的高度肯定。中宣部常务副部长王晓晖也对"赣鄱云"作出批示，此后，中宣部刊发《江西统筹推进县级融媒体中心建设》文章，向全国介绍推广江西"赣鄱云"融媒体建设经验。

　　"赣鄱云"多级联动壮大主流舆论。"赣鄱云"融媒体智慧平台在各种重大事件、突发新闻、大型活动中，江西日报社总编辑亲自主持召开全省融媒体月度策划会，实现统一指挥、统一调度、统一生产、统一发布，携手联合作战，形成了全省各级融媒体的大合唱，壮大了主流声音。"赣鄱云"（江西新闻客户端）开设全国首个移动端《红色》频道，已经实现全省70个县级客户端同步布局；《红土评论》成立不到一年即成为全省优秀网评栏目；《党史30秒》系列短视频和各县级融媒体中心联动拍摄包装制作，联合署名；"赣鄱云"联合县级融媒体中心开展"遇见美丽江西"联动采访活动，展示江西各地美景、美食等，全省三级联动集中刊发展示。同时各县（市、区）生产的新闻产品不仅在本地站点媒体平台上传播，还可通过"赣鄱云"实现在全省各平台进行传播。"赣鄱云"不仅向下与市县级融媒体中心联动，还向上与央媒进行联动，与全国25个兄弟省主流融媒体中心进行联运，形成"横向到边，纵向到底"传播格局，达到海量传播效果。①

---

　　①　张天清.智能数字化引领媒体融合驶入"快车道"[J].新闻战线,2023(23):9-11.

（三）技术赋能，云媒时代迈向智媒时代

以先进技术引领驱动融合发展，从端到云，"赣鄱云"融媒体智慧平台正在向智媒时代迈进。

迈进体现在以用户为中心不断迭代升级。"赣鄱云"（江西新闻客户端）通过技术驱动打造智慧新闻客户端，从 1.0 升级到 5.0。目前，江西新闻客户端语音读报、AR 看报、大数据看报、电视直播、问政帮办等互动功能大大满足了用户的阅读广泛性与互动性；在服务群众方面，与赣服通 App 打通，增加了 50 多项便民服务功能模块，成为人民群众工作、生活好帮手。①

迈进体现在新闻生产步入智能化。"赣鄱云"（江西新闻客户端）不断融入 AI 技术，从内容安全识别到数字新闻生产，从视频生产到动图制作，从卡通虚拟主播到真人虚拟主播，已经实现直播、微视频、卡通、数据新闻、H5 交互等智能化新闻生产模式，打造出精彩纷呈的带有智能化属性的新闻产品。2020 年全国两会推出"5G + 4K + AI"创新智能报道；2021 年全国两会搭建 5G 在线视频采访通道；世界 VR 产业大会实现国内首次"AR 直播"并推出全省首张 AR 报纸。②

迈进体现在向县级融媒进行技术赋能。为更好提升县级融媒体中心的媒体融合水平，"赣鄱云"为所有合作的县级融媒体中心提供上门培训专项服务指导，制定《"赣鄱云"2021 春季服务行动方案》，从采编、技术、运营等服务指导，提升了基层人才的新媒体素质。"赣鄱云"还利用 AI 技术等赋能全省 70 个县融媒体中心，极大提升了县级融媒体中心生产力和影响力。龙南市以"龙媒体"客户端为主要融合平台，用户数超过 10 万，"龙南发布"微信粉丝数超过 10 万，"龙南发布"微博粉丝数达 24 万。抚州市全媒体中心"抚州发布"抖音号粉丝达 448 万，获得 1.8 亿次点赞。"章贡发布""大余宣传"充分运用多款 AI 虚拟主播进行新闻报道，通过技术赋能引领县级融媒体中心走向智媒时代。

迈进还体现在开展"赣鄱云 +"探索。江西日报社充分发挥"赣鄱云"融

---

①②　陈晖.1100 万！江西新闻客户端下载量再创新高［N］.江西日报,2021 - 05 - 26(02).

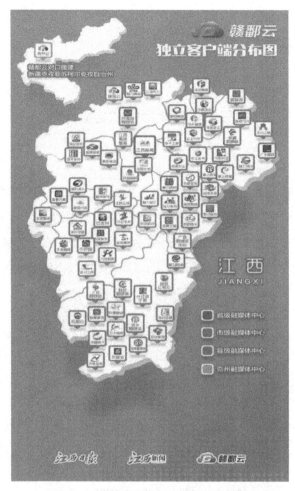

图 5 - 7　"赣鄱云"独立客户端分布图

图片来源:江西新闻客户端 http://www.jxxw.com.cn/index.php/welcome/show_news?id=123538020&type=1

媒体平台的渠道与技术优势,不断研发新的智能化媒体产品,目前,已经上线了"赣鄱云+Future 智慧电台""赣鄱云+5G 大喇叭""赣鄱云+智慧党建""赣鄱云+社会治理大数据"等新产品,助力县级融媒体中心打通服务群众的"最后一公里"。

大道如砥,踏歌而行。"赣鄱云"融媒体智慧平台以"全程媒体、全息媒体、全员媒体、全效媒体"为方向,以 5G、VR、大数据、人工智能等前沿技术为依托,正成为江西最大的移动互联网信息服务商、全省全媒体传播高地、国内一流的移动新闻综合媒体平台。

第三节　构建全媒体传播矩阵

到 2023 年,江西日报社(江西报业传媒集团)已经拥有《江西日报》《信息日报》《江南都市报》《新参考文摘报》《新法治报》《江西工人报》《经济晚报》《江西商报》《东方女报》共九份报纸,每份报纸都开通了自己的微博、微信公众号、抖音账号等。此外,江西手机报、大江网、中国江西网、江西文明网、江西新

图 5-8　江西日报全媒体矩阵

图片来源:中国江西新闻网 https://www.jxcn.cn/system/2022/04/20/019604824.shtml

闻客户端、大江新闻客户端、"赣鄱云"等新媒体平台也在蓬勃发展，持续壮大，构建了"报、刊、网、端、微、云、屏"的全媒体传播矩阵，形成 122 个新媒体平台融合发展、矩阵传播的大格局，全媒体总覆盖用户数达 1.5 亿。

第四节　落实阵地建设责任

作为省委机关报，江西日报深入学习贯彻习近平新时代中国特色社会主义思想，坚决贯彻落实习近平总书记对做好意识形态工作提出的一系列新思想、新观点、新论断，深刻领悟"两个确立"的决定性意义，增强"四个意识"、坚定"四个自信"、做到"两个维护"，忠实履行党的新闻舆论工作职责使命，始终以正确的政治方向为引领，坚持"方向凝聚力量"的办报宗旨、"改革创新提高"的办报理念，积极构建全媒体传播格局，加强队伍建设，为全面建设社会主义现代化江西提供强大精神动力和舆论支持。

一、2020 年度阵地建设责任落实情况①

（一）融媒体矩阵

已形成报刊、网站、移动客户端、微博、微信、手机报、手机网、地铁户外传媒等 9 种媒介形态，建成了大数据中心，新媒体端口载体达 122 个，覆盖总用户超过 7000 万。江西新闻客户端及江西日报官方微博、江西日报微信、"赣鄱云"等平台形成了移动媒体新矩阵，其中"两微一端"用户总数 1300 多万。此外，建成赣鄱云市级融媒体中心 3 个，县级融媒体中心 70 个，并与江西广播电视台的融媒体平台赣云一道组成省级融媒体中心。②

（二）融媒体报道

抓住全媒体时代移动化、视频化、直播化这一趋势，主攻短视频和"无视

---

① 摘录于《江西日报社会责任报告（2020 年度）》。

② 大江网. 江西日报社会责任报告（2020 年度）［EB/OL］.（2021 − 06 − 15）［2023 − 08 − 25］. https://tt. m. jxnews. com. cn/news/1320742.

频不传播"。如反映脱贫攻坚题材的短视频《深山蝶变》被全网推送,上百家主流媒体转载;江西新闻客户端全国两会视频作品《数看政府工作报告热词连连看》,成为网友转发热点。

发挥融媒优势,提升深度报道竞争力。如 2020 年推出的"决战四季度、夺取双胜利"大型融媒体策划报道,创新项目制模式,创新微信二次创作,创新智库联动方式,取得良好效果,获得中宣部新闻阅评和省委主要领导同志批示表扬,刷新了报社专题策划效果新高度。

以 5G、VR 技术运用为契机创新产品和传播方式。在 2020 江西文化强省推进大会上,江西日报打造了"文化的力量·江西文化发展巡礼"AR 特刊,也是全国首张双连版 AR 报纸,让与会者感受到文化与科技进行深度融合的独特魅力。

2020 年 10 月,第三届中国新媒体发展年会上,江西日报法人微博荣膺"年度全国省级党报十佳微博",江西日报官方微信斩获"年度全国省级党报十佳微信"。全国仅有 7 家省级党报荣获双十佳。同年 12 月,人民网研究院公布全国党报融合传播指数,江西日报账号获得"入驻 APP 传播力全国十强",江西日报头条号荣获平均阅读量全国十强。江西日报社与省高院以及 18 家银行联手打造江西"法媒银·失信被执行人曝光台",开创全国先河,经验向全国推广。①

(三)融媒体采编平台建设

2020 年,江西日报社制定下发《江西日报社(报业传媒集团)关于加快推进媒体深度融合发展的实施方案》,制定《江西日报社关于内容生产激励机制的规定(试行)》,同时完善全媒体考核,计划用 1 到 2 年时间,将更多人财物投向互联网主阵地,打造江西日报社全媒体采编中心,大幅提升整个集团的内容生产能力、信息聚合能力和技术引领能力。②

---

①② 大江网. 江西日报社会责任报告(2020 年度)[EB/OL]. (2021 - 06 - 15)[2023 - 08 - 25]. https://tt. m. jxnews. com. cn/news/1320742.

二、2021 年度阵地建设责任落实情况①

（一）融媒体矩阵

已形成报刊、网站、移动客户端、微博、微信、手机报、手机网、地铁户外传媒等 9 种媒介形态，建成了大数据中心，新媒体端口载体达 122 个，覆盖总用户超过 7000 万。江西新闻客户端及江西日报官方微博、江西日报微信、"赣鄱云"等平台形成了移动媒体新矩阵，其中"两微一端"用户总数超过 1600 万。此外，建成赣鄱云市级融媒体中心 3 个，县级融媒体中心 70 个，并与江西广播电视台的融媒体平台赣云一道组成省级融媒体中心。②

（二）融媒体报道

2021 年，报社融媒体报道质量和数量显著增长，视频作为一大亮点发展势头迅猛。策划推出的"听老兵爷爷讲党史故事"系列视频，线上线下点击率近千万余次；持续制作推出"党史 30 秒"短视频，全媒体平台阅读总量超 4000 万人次；《寻找况重晚》融媒体策划集报告文学、评论、H5、专题短视频、融媒海报等多种形式于一体，引发网友共鸣；出版的《初心连环画——100 期连环画献礼建党 100 周年》，完成 100 期人物绘制，一经上线就迅速刷屏，网民热烈互动点赞；推出的融媒作品《大片来袭，120 秒带你飞阅江西之红》是江西第一次全面系列地拍摄全省红色经典景区的延时画面，令人震撼的同时，让人深切感受到江西为中国革命作出的巨大贡献，以及江西在百年党史上占据的重要分量。作品全网点击率超千万次。③

（三）融媒体采编平台建设

制定下发《江西日报社（报业传媒集团）关于加快推进媒体深度融合发展的实施方案》，将更多人财物投向互联网主阵地，打造江西日报社全媒体采编中心；积极推进对外联合，在省优化营商环境工作领导小组办公室支持下，全新打造了江西营商全媒体平台；与景德镇陶瓷大学共建国际传播中心，构建了以"陶瓷＋传媒"为核心的新型国际赣鄱文化传播平台。④

---

① 摘录于《江西日报社会责任报告（2021 年度）》。

②③④ 大江网. 江西日报社会责任报告（2021 年度）［EB/OL］.（2022－04－20）［2023－08－25］. https://tt. m. jxnews. com. cn/news/1561940.

三、2022 年度阵地建设责任落实情况①

（一）融媒体矩阵

已形成报刊、网站、移动客户端、微博、微信、手机报、手机网、地铁户外传媒等 9 种媒介形态,建成了大数据中心,新媒体端口载体达 122 个。江西新闻客户端及江西日报官方微博、江西日报微信、赣鄱云等平台形成了移动媒体新矩阵,其中江西新闻客户端下载量突破 2000 万,成为江西首个 2000 万量级新闻客户端,覆盖人群突破 1.5 亿。此外,赣鄱云构建市级融媒体中心 2 个,县级融媒体中心 70 多个,并与江西广播电视台的融媒体平台赣云一道组成省级融媒体中心。②

（二）融媒体报道

将可视化传播作为有效触及受众的突破口,精心策划推出重磅交互式融媒体作品《你好! 中国新时代》,紧扣党的二十大报告,以"新征程""新生活""新形象""新天地"四大主题作为小切口,以邀请党代表阐述新征程、干部群众畅谈新生活、外国友人感受中国新形象、人与自然和谐共生的江西家园展现新天地等四个部分完美呈现,学习强国、澎湃新闻等纷纷转载,全网阅读量超过 6880 万人次,掀起点赞中国、点赞新时代的热潮。推出融媒体作品《二十大报告学习课堂》,作品配上喜庆底色、可爱手绘、雄浑激昂的音乐,在结尾用擂响金鼓的互动形式"点赞二十大鼓舞中国",这种沉浸式、年轻化、接地气的方式解读二十大报告的融媒作品一经推送,即受到全省党员干部和群众热烈追捧。③

（三）融媒体采编平台建设

始终坚持媒体深度融合发展,从打造三级技术平台、搭建政务服务平台、构建新型应用平台、服务市县融媒平台等方面转型,在用户、数据、功能方面相互赋能,形成了集聚、叠加效能。如赣鄱云为新闻云、服务云、数据云共享共建,为整个报社提供技术支撑;"新闻＋"技术平台,则进一步在问政

---

　　①　摘录于《江西日报社会责任报告(2022 年度)》。
　　②③　江西日报. 江西日报社会责任报告(2022 年度)[EB/OL]. (2023 - 04 - 13)[2023 - 08 - 25]. https://www.hubpd.com/#/detail? contentId = 8358680908401651208.

为民、社会治理、营商环境等方面不断叠加功能效应;而"新闻流"技术平台,则有效保证"策采编审校发"的高效安全运行,走出了以先进技术平台为支撑的媒体深度融合路径。①

四、2023年度阵地建设责任落实情况②

(一)融媒体矩阵

已形成报刊、网站、移动客户端、微博、微信、手机报、手机网、地铁户外传媒等9种媒介形态,建成了大数据中心,新媒体端口载体达122个。江西新闻客户端及江西日报官方微博、江西日报微信、赣鄱云等平台形成了移动媒体新矩阵,其中江西新闻客户端下载量突破2000万,成为江西首个2000万量级新闻客户端,覆盖人群突破1.5亿。此外,赣鄱云构建市级融媒体中心2个,县级融媒体中心70多个,并与江西广播电视台的融媒体平台赣云一道组成省级融媒体中心。③

(二)融媒体报道

加强高质量内容供给,制作更多接地气、有创意、动人心的融媒体产品。2023年全国两会期间,江西日报推出"H5+短视频"作品《千年沧桑江湖新》,加入双屏互动、动态漫画等新技术,与历史名人进行隔空对话,全网总阅读量达千万;精心策划推出的融媒体系列报道《大道同行:十年"一带一路"上的江西印记》,综合运用文字、视频、海报、H5等表现形式,展示"一带一路"上的江西作为、江西贡献,全网(含海外传播平台)总阅读量超过1亿次;推出首张智慧融媒体报纸的连版策划《从神山到石门——江西乡村振兴微观察》,从视觉、听觉、嗅觉等方面,给读者带来与众不同的体验,全网阅读量突破1000万。④

(三)融媒体采编平台建设

始终坚持媒体深度融合发展,从打造三级技术平台、搭建政群服务平台、构建新型应用平台、服务市县融媒平台等方面转型,在用户、数据、功能

---

① 江西日报.江西日报社会责任报告(2022年度)[EB/OL].(2023-04-13)[2023-08-25].https://www.hubpd.com/#/detail? contentId=8358680908401651208.

② 摘录于《江西日报社会责任报告(2023年度)》。

③④ 江西新闻网.江西日报社会责任报告(2023年度)[EB/OL].(2024-04-07)[2024-04-10].https://jiangxi.jxnews.com.cn/system/2024/04/07/020455830.shtml.

方面相互赋能,形成了集聚、叠加效能。如赣鄱云为新闻云、服务云、数据云共享共建,为整个报社提供技术支撑;"新闻+"技术平台,则进一步在问政为民、社会治理、营商环境等方面不断叠加功能效应;而"新闻流"技术平台,则有效保证"策采编审校发"的高效安全运行,走出了以先进技术平台为支撑的媒体深度融合路径。①

① 江西新闻网.江西日报社会责任报告(2023年度)[EB/OL].(2024-04-07)[2024-04-10].https://jiangxi.jxnews.com.cn/system/2024/04/07/020455830.shtml.

第六章

内容为王：强化精品战略

2020 年 9 月 26 日，中共中央办公厅、国务院办公厅印发的《关于加快推进媒体深度融合发展的意见》指出，要推进内容生产供给侧结构性改革，更加注重网络内容建设，始终保持内容定力，专注内容质量，扩大优质内容产能，创新内容表现形式，提升内容传播效果。①

在信息爆炸时代，用户被海量信息吞噬，注意力成为稀缺资源。内容意味着流量，只有用户感兴趣的高品质内容才能吸引眼球，博得关注，带来流量。尽管内容生产一直是主流媒体的强项和优势，但是要生产出让用户感兴趣、想阅读甚至愿意互动（点赞、评论、转发）的高品质内容还是有一定的难度和挑战。在技术和创意的赋能下，主流媒体如何生产更多高品质内容，并将内容优势转化为传播效能，是媒体融合的根本所在。

《江西日报》以作品论英雄，强化精品战略，在运作品牌栏目、生产微信"10 万 +"热文、打造融媒体爆款产品等方面发力，《百年大党为何风华正茂》《全国两会特刊》《书写新答卷 奋进新征程》等一大批具有开拓性、创新性、引领性的精品力作不断被推出。凡精品，必奖励，江西日报社出台了《江

---

① 新华社.中共中央办公厅 国务院办公厅印发《关于加快推进媒体深度融合发展的意见》[EB/OL].（2020 - 09 - 26）[2023 - 09 - 25]. https://www. cac. gov. cn/2020 - 09/26/c_1602682828352978. htm

西日报社关于内容生产激励机制的规定(试行)》《江西日报社年度好稿评选办法》等系列文件,加大对优质稿件和融媒体作品的奖励力度。[①]

第一节　品牌栏目的运作

作为省级党报的新媒体,《江西日报》新媒体特别注重栏目的设计、培养、精耕,传播手段日益深入人心,打造了一批品牌栏目,使省级党报的移动传播力获得空前提升。

一、用好既有资源,让老名牌在媒体进化中获得新生

《江报直播室》开栏于2005年,当时是《江西日报》对重大时政报道表达方式的一次刷新。栏目就群众关注的某一焦点,通过邀请重量级嘉宾,以现场对话的形式,或侃侃而谈,或观点交锋,或旁白引领,把主题讲活、讲深、讲透。记者和编辑再以访谈稿的形式,梳理成文,在《江西日报》上整版刊出。与此同时,网络编辑将访谈现场的音视频,以见报稿为主脉络,进行剪辑,发布在大江网上,供网友在线观看。[②]《江报直播室》是全国省级党报中首个报网互动栏目,并且坚持使用高素质队伍高品质运营,最终于2010年斩获中国新闻名专栏奖。

进入媒体融合的大时代之后,《江报直播室》仍然是江西日报社的重磅栏目,但特色不再像以前那么鲜明。

一是名为“直播”,可囿于报纸的出版周期,至少要一天之后才能上版,而大江网上的音视频因为需要后期加工,也实质上属于“录播”。

二是PC端用户不断向移动端迁移,坐在电脑前看直播(或点击视频)的

①　王少君.敢为人先“破坚冰” 埋首深耕“试验田”——江西日报广告经营额首破亿元的“路径密码”[J].中国报业,2022(07):32-35.
②　杨惠珍.树立精品意识 讲好江西故事——江西日报社九届十获中国新闻奖一等奖的启示[J].中国记者,2018(11):91-95.

用户数量呈下降趋势。

三是《江报直播室》本质上是话题新闻,互动是它的最大特性,以前的运作方式解决了现场互动的问题,并没有解决场内外互动的难题。

对于《江报直播室》这一老名牌,江西日报社新媒体部品牌栏目运作团队决定,用好老名牌既有资源的同时,更要让她在媒体进化中获得新生,脱胎成真正的融媒体平台。

具体操作中,团队将《江报直播室》打通成为报纸、微博、微信、手机网、客户端、头条号等所有载体的全品牌栏目,一期直播,多样表达,全媒发布。①同时,利用新媒体直播平台(除了自有的《江西手机报》客户端,还包括一直播、映客、北京时间等合作平台),变以前的延时直播(或录播)为同步直播,使栏目摆脱了对直播车、接入口、带宽的依赖,受众的收看平台从 PC 端转化到移动端,传播域一下子海阔天空!

最重要的是,通过新媒体直播,《江报直播室》解决了场内场外互动的难题。受众(读者、粉丝、用户)在观看直播的同时,还能通过微博评论、微信留言、直播弹幕等形式,与场上主持人和嘉宾互动,甚至参与话题讨论中,媒体黏性得到很大提升。②

《江报直播室》已做到周周有直播,遇到重要时间节点甚至天天做直播。比如 2017 年 3 月份的全国两会,报社将直播室搭到北京,邀请来自全国的代表、委员做主题访谈,上搭"天线"下接"地气",整个会程做重大直播 6 次,明星大腕云集,议政论政开诚布公;网友互动热烈,建言献策精彩纷呈。正是凭借《江报直播室》这一名牌栏目的拉动,在省级党报两微官号两会传播榜上,《江西日报》新媒体多次进入前五名,所取得的最好名次是亚军。

老栏目老品牌积累多、沉淀深,与时俱进地用好用活它们,能起到事半功倍的效果。与《江报直播室》类似完成融合进化的,还有三个原创"微博 - 报纸"联动栏目。包括全国首创的《微博大赛》,每天就热点新闻发表讨论的

①② 杨惠珍.树立精品意识 讲好江西故事——江西日报社九届十获中国新闻奖一等奖的启示[J].中国记者,2018(11):91-95.

《微话题》,以及根据微博线索进行追踪采访的《见微知著》。这些品牌栏目,在党报平面媒体和新媒体之间同频共振,各美其美,美美与共。

二、栏目定位精准,击中传播痛点

毋庸讳言,新媒体的运行,尚未有完整而准确的模型和规律供参考和模拟,具体到品牌栏目的制作,如果还是像以前做传统媒体那般设计好定位,固定好人员,以坚持到底的勇气,"时间一长至少混个脸熟"的方式来进行,那不啻自说自话,刻舟求剑。受众选择面的无限扩展和选择自由度的空前提高,使得定位不准、痛点缺失的栏目很快就会在阅读量和点击率下现出原形。

对于在新媒体运作(或新推)的品牌栏目,江西日报社新媒体部规定必须做栏目创意计划书,涉及栏目定位、预计效果、受众调查、运营模型等方面,这个创意计划书是开放的,注重受众的互动与反馈,一旦在具体运作中发现问题,立刻修改,避免一条道走到黑。如果实践证明这个栏目定位不准,不适合生存,立刻终结并撰写结栏报告,总结经验,吸取教训。如此披沙拣金,生存下来的栏目都经过了实践检验,具有了品牌栏目的雏形,假以时日,名专栏就有可能脱颖而出。

比如《你好,江西》栏目,定位为《江西日报》的官方微博每天早晨发出的第一条微博,既是对过去一天的总结,也是对新的一天的展望,注重做有人情味的微新闻。而《静夜思》栏目,则在每天晚上选择一条白天发布的新闻或话题做精致点评,要求短小精悍、富有思辨性。

与此类似的栏目还包括《微直播》,定位为只做现场短视频;《今日要闻》,定位为梳理集团媒体发布的大事件;《亲,晚安》,定位为走心的晚安帖;《微提醒》,轻言细语,定位为生活助手。

三、发挥采编人员能动性,培养名编辑名主持人

在人人都有麦克风,资讯越来越碎片化的现阶段,"小编"似乎成了只会使用"复制+粘贴"的搬运工,隐藏在一堆字符后面,美誉度低,能动性差。这种现象除了导致媒体辨识度不高外,还进一步导致公信力下降。

如何破解这一困局?《江西日报》新媒体与"打造品牌栏目工程"相配

套,专门设计了一系列规章制度来调动采编人员的主观能动性,按新媒体传播的规律用人,培养自己的名"小编"、名主持人。其中甚至包括一个更大胆的蓝图:如果采编人员运营的新媒体项目或栏目取得社会效益和经济效益双丰收,则给予职务提拔、职称晋升、获益奖励等不同层次的激励。

《今天我主持》栏目是其中代表。作为江西日报社新媒体新上线的栏目,《今天我主持》把"小编"推到前台,每天选择一个话题,或新闻或美食或健康或文化,允许打上个性化的烙印,并引导用户参与互动。为提升"小编"的荣誉意识,增强仪式感,这个栏目还要求"小编"亲自出镜。这是《江西日报》在新媒体端培养名记者、名主持人、名"小编"甚至"网红"的一次大胆尝试,运作数月,效果非常好。

以主持人制运作的还有"江西日报"微信公众号早间段(江西日报官微一天可推送三次)新闻栏目《早安,地球村》,每天早晨6:30推送,主持人每天清晨要将昨夜今晨发生的大事小情分门别类,以言简意赅的图配文形式,并同步录制音频,混合发布。早间栏目除了考验运营者每天坚持早起(凌晨5:00开始选稿、编辑、录制)、吃苦耐劳的敬业精神外,还要求其必须具备较高的新闻发掘能力和一定的播音主持功底。该栏目的配套激励制度让主持人觉得干得有劲有奔头,在试运行一段时间后,《早安,地球村》形成了自身的风格,她娓娓道来,清新扑面,"圈"来一批忠实铁粉,每天清晨浏览或点听《早安,地球村》已和洗脸刷牙一样,成了很多人的习惯。

与《早安,地球村》相配套,"江西日报"微信公众号晚间重点打造的《夜读》栏目,则是一个文艺范十足、极富情调的有声阅读栏目,大受精英阶层欢迎。除此之外,《江报君帮办》是江西日报媒体融合推出的又一新名片,该栏目通过新媒体收集投诉,主持人化身"江报君",现场出击排解民忧、化解民怨,畅通舆情通道,至今已直接解决群众诉求1000多起,有效化解了用户对"新媒体只停留在手机里"的刻板印象。

四、弘扬正能量,草根网红一样能红

互联网环境纷繁复杂,泥沙俱下,作为省级党报的新媒体,必须掌握全新传播工具,用受众喜闻乐见的方式大胆弘扬正能量。事实证明,只要我们

在栏目设计、人物选择、表达效果方面下足功夫,用户一样会买账。《帮草根网红上头条》栏目的"走红"就说明了这个道理。

2016 年以来,《江西日报》新媒体着重从选题、策划、传播、互动四个环节下功夫,先后开办了《2016 感动江西网红人物》《帮草根网红上头条》等融媒体品牌栏目,通过微博、微信公众号、视频直播、手机网、新媒体封面等多种方式,向全球进行全媒体报道,推出了一大批典型人物,比如冰雪中架线的电网"短裤哥"、抬车救人的抚州民警付耀华、记下"最美手术笔记"的"网红"护士王婷、温暖学生的江西师大宿管阿姨、为高考学生演出壮行的信丰中学老师……他们的故事虽然平凡,却因为就在老百姓身边,一经推出,瞬间就如股股暖流感动了无数网友,成为新媒体时代的正能量"网红"。①

榜样的力量是无穷的。江西日报《感动江西网红人物》《帮草根网红上头条》栏目每周均会推送,把散布在江西省各地的"网红"人物事迹聚到一起,形成"网红效应",使他们的价值得到再次彰显,唤起更多的人对工作、生活、家庭、邻里的关注与关心,使人们在感动之余也引发了对人性、良心、社会主义核心价值观的思考。②

网友纷纷留言道:"和谐的社会氛围需要个人道德素养的提升,需要社会的培育,更需要的是我们心中的平凡良心和平时的举手之善。""他们的事迹像一面镜子,让我审视自身,让我渴望成为他们中的一员。"

据不完全统计,这些正能量品牌栏目,在各端口累计阅读量达千万次,引发全社会对人性、良心、社会主义核心价值观的思考,实现了良好的社会效应,因此自身也"红"了,得到了江西省委宣传部的高度肯定。

①② 张雪.用凡人善举烛照人性光芒——江西日报运用新媒体塑造平民"网红"的实践与探索 [J].新闻战线,2017(07):125-126.

第二节　微信"10万 +"热文的生产

"10万 +"阅读量是衡量微信文章是否热门的关键指标,"10万 +"微信热门文章的数量直接影响到微信公众号的影响力指数。经过运营,"江西日报"微信公众号的影响力在全国省级党报微信影响力排行榜和江西媒体微信影响力排行榜中稳居前列,涌现出一批阅读量达到"10万 +"的热门文章。

为了具体分析省级党报微信"10万 +"热文的传播特性,选取2016年"江西日报"微信公众号9篇阅读量达到"10万 +"的热门文章进行分析。

表6-1　2016年江西日报微信公众号阅读量达到"10万 +"的9篇热门文章

	文章	发布时间
1	《10万人口特大镇将升级为市!江西哪些镇有机会升级!?》	2016 - 04 - 25
2	《国务院发话了!支持江西建设一所高水平大学,谁最有戏?》	2016 - 04 - 29
3	《快讯!2016江西高考录取分数线出炉:一本文史类523分;理工类529分》	2016 - 06 - 23
4	《醉美十大赏莲胜地,谁才是"江西莲花第一乡(村)"?》	2016 - 06 - 27
5	《超强台风来了,"尼伯特"明晚袭赣!Ⅲ级应急响应,动车票停售!江西人挺住!》	2016 - 07 - 07
6	《这个火遍世界的爱情故事,发源地原来在江西!》	2016 - 08 - 12
7	《火速围观!江西籍现任高官大全,有你家乡的吗?》	2016 - 09 - 20
8	《江西这17个镇或将升为副县级!快看看有没有你的家乡!》	2016 - 10 - 24
9	《李克强总理为赣南脐橙点赞,还捎来了一封信和200元钱……》	2016 - 12 - 06

一、江西日报微信"10万 +"热文的内容特征

通过分析发现,"江西日报"微信公众号"10万 +"热文以解读涉赣重大政经新闻、聚焦社会民生热点和精心策划新闻专题为主要内容。

（一）解读涉赣重大政经新闻

《江西日报》是一份党报,其微信公众号在内容运营上聚焦江西,密切关注涉赣重大政经新闻并进行解读,第一时间向用户提供权威独家的新闻资讯。

国家发展和改革委员会在 2016 年 4 月 19 日下午举行新闻发布会称,中国超过 10 万人的镇已经有 200 多个,为了加快中小城市的培育和特色镇的发展,需要在制度上为这些镇成为新的中小城市提供支撑,所以准备加快出台设市标准,推动具备条件的县和特大镇有序合理地设置为城市。经过"江西日报"微信公众号编辑的梳理,江西超过 10 万人的镇有 9 个,"江西日报"微信公众号即推出文章《10 万人口特大镇将升级为市! 江西哪些镇有机会升级!?》,一方面将这一喜讯传递给用户,另一方面让用户投票选择最看好的镇。

国务院总理李克强在 2016 年 4 月 27 日的国务院常务会议中指出,支持建设一批高水平大学和学科,扩大中西部学生接受优质高等教育的机会,在没有教育部直属高校的 14 个省份各重点支持建设一所高校。经过"江西日报"微信公众号编辑的梳理,发现江西省还没有教育部直属高校,属于 14 个省份之一,于是"江西日报"微信公众号推出文章《国务院发话了! 支持江西建设一所高水平大学,谁最有戏?》,一方面,将这一喜讯传递给用户,另一方面,也让用户投票选出最"有戏"的大学。

中央全面深化改革委员会在 2016 年 10 月 11 日召开第二十八次会议,审议通过《关于深入推进经济发达镇行政管理体制改革的指导意见》,意味着镇改市或许即将启动,行政级别或许会升为副县级。"江西日报"微信公众号编辑根据镇改市要求,挑选了 17 个镇,推出文章《江西这 17 个镇或将升为副县级! 快看看有没有你的家乡!》。

江西瑞金市黄柏乡果农邓主平在 2016 年 11 月 21 日给李克强总理写信汇报赣南脐橙大丰收的喜悦心情,并寄出两箱脐橙请李克强总理品尝。2016 年 12 月 5 日,邓主平收到了李克强总理写给他的回信和 200 元钱,在村里引起轰动,村民们纷纷传阅总理的回信。"江西日报"微信公众号编辑得知这一消息后,在"江西日报"微信公众号推出文章《李克强总理为赣南脐橙点赞,还捎来了一封信和 200 元钱……》,对该事件进行了详细的报道。

内容上解读与江西息息相关的重大政治经济新闻,引起用户的阅读兴趣和转发动力,是这些文章的阅读量迅速达到"10万+"的重要因素。通过这些文章,用户对国家的政策有了深刻了解和掌握。

(二)聚焦社会民生热点

"江西日报"微信公众号倡导"快资讯、深融合、知冷暖、解民忧"的运营理念,想民众之所想,急民众之所急,关注人民群众衣食住行等方面的需求和问题。

江西省普通高等学校招生录取分数线在2016年6月23日正式公布。"江西日报"微信公众号编辑拿到第一手资料后,第一时间在"江西日报"微信公众号上推出文章《快讯! 2016江西高考录取分数线出炉:一本文史类523分;理工类529分》,并附上2006—2015年江西省高考各批次录取控制分数线和三种高考分数查询方式,满足了考生及家长的需求。

2016年7月6日,江西省气象局预报第一号台风"尼伯特"7月8日来袭。"江西日报"微信公众号编辑第一时间推出文章《超强台风来了,"尼伯特"明晚袭赣! III级应急响应,动车票停售! 江西人挺住!》,提醒江西民众注意防范应对。

内容上聚焦民生热点,关心人民群众生产生活,是这些文章引起大量用户阅读和转发的重要因素。通过这些文章,《江西日报》与人民群众之间的距离更近了,关系也更加紧密。

(三)精心策划新闻专题

为了吸引用户的关注,增加用户的黏性,"江西日报"微信公众号运营团队提出了"日日有策划,周周有活动"的运营思路。针对社会热点话题,"江西日报"微信公众号编辑精心策划新闻专题,发挥深度报道的魅力。

六月底是莲花盛开的季节,江西各地的莲花吸引了无数游客前去观赏游玩,哪里的莲花最美丽?"江西日报"微信公众号编辑围绕"赏莲"这一社会热点话题,于2016年6月27日推送专题文章《醉美十大赏莲胜地,谁才是"江西莲花第一乡(村)"?》,对抚州广昌等10个地方的荷花一一进行了推荐和介绍,并附上各地的荷花图片,给用户带来一场视觉盛宴。

　　2016 年 9 月,湖北省第十二届人民代表大会常务委员会通过决定:王晓东担任湖北省人民政府代省长。这是江西籍现任高官的最新任命。江西省内省外有哪些现任江西籍省部级官员?"江西日报"的微信公众号编辑围绕"江西籍高官"这一社会热点话题,查找求证了大量的资料,推送专题文章《火速围观! 江西籍现任高官大全,有你家乡的吗?》,对 50 位江西籍省部级官员一一进行了介绍,让用户有了全面的了解。

　　二、江西日报微信"10 万 +"热文的运营机制

　　(一)重要信息放在头条,吸引用户的关心和注意

　　江西日报微信公众号每天推送,一次推送五条信息。微信公众号的文章推送卡片会重点显示每个微信公众号推送的头条信息,所以当天最重要的信息一般会放在头条,吸引用户关注。同时,由于头条信息会配上较大的封面图,比较醒目,因此用户点击阅读头条信息的概率远远大于后面几条。"江西日报"微信公众号 2016 年的 9 篇"10 万 +"微信热文中就有 8 篇是放在头条醒目位置,占比为 88%。

　　(二)标题悬念化,激发用户的好奇和兴趣

　　微信文章的点击阅读数与标题有很大的关系。悬念式标题能够激发用户的好奇心,引发用户的阅读兴趣,助力微信文章的阅读量达到"10 万 +"。"江西日报"微信公众号 2016 年的 9 篇"10 万 +"微信热门文章中有《10 万人口特大镇将升级为市! 江西哪些镇有机会升级!?》《国务院发话了! 支持江西建设一所高水平大学,谁最有戏?》《醉美十大赏莲胜地,谁才是"江西莲花第一乡(村)"?》等 6 篇采用了悬念式标题,占比 66%。为增强标题的悬念效果,9 篇文章共使用 10 个叹号,4 个问号。

　　(三)设置投票评选,激发用户的参与和转发

　　在微信文章底部设置投票评选,有利于激发用户参与投票,并转发给朋友。这种做法不仅提高了微信文章的阅读量,也有利于"江西日报"微信公众号粉丝数的增长。"江西日报"微信公众号 2016 年 9 篇"10 万 +"微信热门文章中有《10 万人口特大镇将升级为市! 江西哪些镇有机会升级!?》《国务院发话了! 支持江西建设一所高水平大学,谁最有戏?》《醉美十大赏莲胜

地,谁才是"江西莲花第一乡(村)"?》《江西这 17 个镇或将升为副县级! 快看看有没有你的家乡!》4 篇文章底部设置了投票评选,占比 44%。

(四)增加用户的数量,提高用户的活跃度

"江西日报"微信公众号开通后,运营团队进入机关、国企、高校推广微信公众号,吸引用户的关注。到 2016 年底,关注"江西日报"微信公众号的用户数量接近了 400 万,每日活跃用户的数量接近 40 万,为"江西日报"微信公众号生产"10 万＋"热文打下了坚实的基础。在此基础上,运营团队还通过拉新、留存、促活等运营手段,继续增加用户的数量,提高用户的活跃度。

(五)激发编辑的创作热情,提高编辑的创作能力

一篇微信文章能否成为"10 万＋"热文,取决于编辑、内容、形式、用户等诸多因素。其中,编辑的态度和能力至关重要。为了激发编辑的创作热情和动力,江西日报社专门制定相应的考核奖励办法,给予编辑一定的奖励。此外,江西日报社组织了编辑、记者参加报社的集中学习和江西省委宣传部组织的复旦大学江西新闻高级研修班,提高他们的内容创新和技术运用能力。

第三节 融媒体爆款产品的打造

在 2022 年迎接宣传党的二十大报道活动中,主流媒体坚持"导向为魂、移动为先、内容为王、创新为要",推出了一系列具有正能量和大流量的融媒体爆款产品,产生了巨大的传播力和影响力。

《人民日报》作为党报的"领头羊"和"排头兵",是守正创新的典型榜样,其发布的关于党的二十大报道的融媒体产品可谓有声有色,精彩纷呈,交出了一份让党和人民满意的创新答卷。

表6-2 《人民日报》关于党的二十大报道的融媒体产品

时间	主题	作品名称	作品形态
2022年10月15日之前	迎接党的二十大	《跟着总书记看中国》	视频
		《百秒说·非凡十年》	系列短视频
		《我为党的二十大建言献策》	专栏
		《中国种·中国心》	系列短视频
		《我们这十年·坐标中国》	系列短视频
		《回声》	微视频
		《新千里江山图》	微视频
2022年10月16日—2022年10月22日	宣传党的二十大	《数读二十大报告！这些KPI见证非凡十年》	创意海报
		《这就是中国式现代化》	创意海报
		《看！这就是2035年的中国》	创意海报
2022年10月16日—2022年10月22日	宣传党的二十大	《收好这份思维导图,一起学习党的二十大报告》	创意海报
		《党的二十大报告学习手账》	创意海报
		《未来中国什么样？AI为你画出来》	AI生成短视频
		《党的二十大报告100题》	H5互动
		《"你问我答"·二十大》	短视频栏目

　　《江西日报》也在党的二十大报道中精心策划,推出了《你好！中国新时代》《二十大报告学习课堂》等一系列融媒体精品报道,得到党员干部和群众的好评。

图 6-1　你好！中国新时代

图片来源：江西新闻客户端

图 6-2　二十大报告学习课堂

图片来源：《江西日报》官方微博

通过对这些融媒体爆款产品的研究，我们发现这些融媒体爆款产品呈现出轻量化、迭代化、极致化和合作化的特点，为主流媒体打造融媒体爆款产品提供了借鉴和启发。

一、化繁为简：打造轻量化融媒体产品

"轻量化"的概念源于汽车工业技术的设计优化研究，其核心是追求效率与效能的平衡，应用于新闻报道领域则涉及传播方式与传播效果的优化改进。① 这一概念与当下融媒体产品的生产理念相契合，成为新闻传播乃至信息传播的热门专业术语。在新媒体平台上，"轻"的东西最好传播，"轻传

---

① 栾轶玫，徐雪莹.时政报道的"轻量化"传播——以央视《物印初心》为例[J].新闻爱好者，2020，(02)：39-42.

播"现象或传播的"轻规则"开始出现并越来越流行。

在网络新媒体时代,用户在碎片化时间里接触到海量的信息,如果信息体量太大,用户"好简繁杂,避重就轻"的选择性接受心理会对其进行过滤。为了迎合当下用户的接受心理,融媒体产品的生产者应具备简约思维,借鉴广告创意的"KISS"原则(Keep It Simple And Stupid),即让信息简单易懂,本质上,"KISS"原则和传播的轻规则有着异曲同工之妙。

轻量化融媒体产品要求轻的信息体量,在打造融媒体产品时,主流媒体应尽量少用长篇专题报道和大型纪录片的形式,转而选择篇幅短、小、微的短视频、微视频、创意海报等融媒体产品形式。就短视频而言,一个短视频的时间以秒为单位来计算,适合碎片化时间阅读观看,也可以用"视频拆条"的方式,将一个长视频拆分成多个短视频,形成一个系列进行连载,散点呈现,例如系列短视频《百秒说·非凡十年》和党的二十大报告"金句"视频。短视频、微视频是轻量化融媒体产品的典型代表,在关于党的二十大报道的融媒体产品中占据了较大比重。《喜迎二十大 我们这十年 江西速度》在短短的 1 分 59 秒里,将江西这十年取得的又好又快的成就进行展示。60 秒快闪视频《带你领略欣欣向荣、蓬勃向上的江西新气象》将江西代表团新闻发言人庄兆林提到的江西新气象内容进行直接快速的呈现。就创意海报而言,一图值万言,一张小小的创意海报虽然篇幅不大,但是可以将信息高度浓缩,在党的二十大会议期间将二十大报告中的新提法、新表述、新论断等内容进行快速传达。创意海报《数读二十大报告! 这些 KPI 见证非凡十年》运用"数说"的方式讲述党的十八大以来取得的非凡成就,用数据说话最有说服力。创意海报《收好这份思维导图,一起学习党的二十大报告》《党的二十大报告学习手账》运用"图解"的方式对党的二十大报告进行了轻传播,直观简明。此外,从 2022 年 10 月 8 日开始,《江西日报》策划了以"沿着习近平总书记指引的方向奋力前行"为主题的 10 个专版特刊,H5《赣出精彩,奔向未来》选取这 10 个专版特刊上的精华内容,集中展示了江西发展的成绩。

二、推陈出新:打造迭代化融媒体产品

在网络与新媒体时代,内容资讯类产品频出,让用户眼花缭乱。用户

"喜新厌旧"的心理使得他们对微信推文、H5 新闻等产品形态已产生审美疲劳,而用手机刷短视频、看直播成为新常态,用户乐此不疲。然而随着用户的眼光和要求越来越高,当下火热的短视频和直播在未来也将难以吸睛。因此,融媒体产品的生产者应具备迭代思维,在技术的赋能和创意的驱动下不断推陈出新,推动产品迭代升级,满足用户不断变化的需求,让用户获得更好的体验。

(一)技术赋能产品迭代升级

近年来,5G、8K、VR、XR、AI 等技术被广泛应用于新闻传播领域,推动了内容生产的变革,提高了内容生产的效能。在技术的赋能下,融媒体产品的技术含量增加,呈现加速度迭代升级的发展趋势。其中,人工智能技术尤为显著突出,机器一定程度上正在代替人进行内容生产,也就是 MGC 和 AIGC,例如机器人写作、视频拆条和绘画。短视频《未来中国什么样? AI 为你画出来》就是《人民日报》运用人工智能技术生产的融媒体产品,输入二十大报告中的关键词,人工智能就可以根据这些关键词描绘出一幅幅美丽的中国未来场景,让人耳目一新。此外,《人民日报》AI 虚拟主播"果果""小晴"虽然没有在党的二十大报道中亮相,但 AI 虚拟主播在时政报道中方兴未艾。未来,人工智能技术会更加智能化,但机器终究不能完全替代人,人机协同生产将一直持续。《江西日报》推出的视频《大江大河,今朝好看 江西 AR 祝贺二十大胜利闭幕!》利用增强现实技术,结合影视后期特效,具有时尚感和科幻感,发布后一小时各平台总播放量就超过 50 万人次。

(二)创意驱动产品迭代升级

除了技术的赋能,创意也是不容忽视的力量,古往今来,人的智慧产生了无穷无尽的创意,推动了人类文明的进步。我们暂且不去比较技术和创意两者孰优孰劣,而是把两者看成并驾齐驱。创意从广告创作领域向新闻生产领域延伸,提高了融媒体产品的生产水平。

在《人民日报》关于党的二十大的报道中,创意海报发挥了重要作用。与以往的海报不同,这些创意海报在内容表现上进行了巧妙的构思。创意海报《数读二十大报告! 这些 KPI 见证非凡十年》从编码入手,用数据解读来呈现二十大报告,形成数据新闻;创意海报《看! 这就是 2035 年的中国》从构图入手,模拟镜头进行排版,产生视觉冲击力;创意海报《收好这份思维导图,一起学习党的二十大报告》《党的二十大报告学习手账》从形式入手,使用思维导图和手账的形式来安排信息。此外,弹幕海报可以把一张静态的海报变成一张动态的海报,声音海报可以把一张可视的海报变成一张可听的海报。除了创意海报,创意视频也开始流行,混剪、手绘漫画、快闪等手法让视频与众不同。总之,创意海报、创意视频等迭代升级的融媒体产品的成功归功于创意的驱动。

三、去粗取精:打造极致化融媒体产品

众所周知,传媒之间、部门之间都存在着竞争合作的关系,同一个新闻事件,大家都在争相报道,比速度就是争取人无我有,看谁更快;比质量就是争取人有我优,看谁更好。用户的眼睛是雪亮的,能够分辨出美与丑、优与劣,优秀的融媒体产品其阅读量、点赞量和转发量肯定很高。爱美之心,人皆有之,用户追求完美的心理使得他们拒绝和排斥制作粗糙、内容低俗的内容产品。因此,融媒体产品的生产者应具备极致思维,也就是工匠精神和精品意识,去粗存精,增添融媒体产品的艺术美感,打造极致化的融媒体产品。

(一)追求外在形式美

形式美是指事物外观形式的美,包括色彩、形状、线条、声音等自然属性,以及在此基础上形成的对称均衡、单纯齐一、调和对比、节奏韵律等,可以被人的感官直接接触和感受。在创作视频类融媒体产品时,必须精心选择画面、声音等要素,系列视频要做到风格统一。《人民日报》推出的系列短视频《中国种·中国心》使用微缩摄影和 SVG 展示技术,描绘出一幅幅美丽画卷,每一帧都是一幅画,让用户产生截屏的冲动。微视频《新千里江山图》融合绘画、舞蹈、书法、民乐等国风文化和中国元素,展现中国形象,简直就是一顿文化大餐和视觉盛宴。该视频按照《千里江山图》原作进行三维模型构建和场景复现,用户犹如坐上"时光机",跟随代入感极强的镜头沉浸式体验中国大好河山和美丽景观。《江西日报》推出的《二十大报告中无与伦比的美丽》描绘江西的生态文明和神奇物种,一幅幅美丽画卷简直就是一顿文

化大餐和视觉盛宴。

（二）营造内在意境美

意境美是内在的美,意与境、情与景产生交融之后的感悟。通过精美的画面和场景,煽动用户的情绪情感,让用户触景生情,感悟作品蕴含的意境美。关于党的二十大的报道展示的是中国十年非凡成就和未来中国美好愿景,透过画面,营造的是民族伟大复兴和人民美好生活的意境美,进而塑造的是中国共产党的光辉形象。《人民日报》推出的系列短视频《我们这十年·坐标中国》分别从"中国跨度""中国精度""中国高度""中国深度""中国力度""中国速度"切入,展示十年来党领导国家和人民在各领域取得的非凡成就。该融媒体产品不仅追求了外在形式美,而且营造了内在意境美。《江西日报》推出的《你好,中国新时代!》从"新征程""新生活""新形象""新天地"四个角度切入,通过邀请党代表阐述新征程、干部群众畅谈新生活、外国友人感受中国新形象、人与自然和谐共生的江西家园展现新天地四个图景进行呈现,不仅追求了外在形式美,还营造了内在意境美。《学习强国》《澎湃新闻》等纷纷转载,全网阅读量超过 6880 万人次,掀起点赞中国、点赞新时代的热潮。

四、由分到合:打造合作化融媒体产品

（一）传者和受众的合作

在传统媒体时代,传播者和接受者之间界限清晰,"传"和"受"的关系是对立分离的。进入网络新媒体时代,互联网强大的连接性将人与人连接在一起,传播者和接受者之间的界限模糊,传和受的关系是融合为一的。当前,"受众"这一概念的准确性遭受质疑,正在被弃用,转而被"用户"一词取代。用户每天活跃在互联网上,既是信息的接受者,也是信息的传播者,主动热情地参与传播活动的整个过程,寻找存在感和参与感。在过去,内容的生产由记者等职业人士来完成,即 OGC;而现在,用户也可以生产和贡献内容,即 UGC。用户生产的内容在数量和质量上正在赶超职业人士生产的内容,新闻传播大有向公共传播转变的趋势。

基于用户"主动热情参与"的心理,融媒体产品的生产者必须具备用户思维。一方面,要鼓励用户参与,进行互动交流。一个融媒体产品要想获得好的传播力,除了产品本身优质之外,还要依赖用户的阅读和转发产生裂变式的传播效果。《人民日报》推出的 H5 作品《党的二十大报告 100 题》将党的二十大报告内容设计成 100 个问题,通过答题的方式吸引用户参与互动,进行知识的普及推广。《江西日报》推出的《二十大报告学习课堂》以老师上课的形式解读党的二十大报告,设置"课堂测试"环节,帮助用户检测学习成效,并在结尾处设置以擂响金鼓的方式"点赞二十大 鼓舞中国",引发用户的转发分享,截至2022 年 10 月 30 日,已经有 1200 多万人参与互动。另一方面,职业人士与用户合作共同生产内容即 OUGC,也就是 OGC 和 UGC 的组合,合作共创融媒体产品。人民日报专栏《我为党的二十大建言献策》面向用户公开征集建议,并从中选取一些有建设性的建议进行二次加工,变成优质内容,做成建言选登和专题稿件,甚至做成用户喜闻乐见的海报和视频,在网上广为传播。

2. 媒体与媒体的合作

除了传播者和用户之间的合作互动之外,媒体和媒体之间也开始合作互动,在党的二十大报道中,江西新闻客户端与北京日报客户端、长城网·冀云客户端、上观新闻客户端、中安新闻客户端等 10 家省级主流媒体合作,策划并实施"定格十年——新时代 好日子"直播中国大型新闻行动,选择浙江嘉兴、上海、北京、河北塞罕坝、黑龙江佳木斯、河北雄安、安徽阜阳、江西井冈山、广东深圳、海南海口、陕西西安这 11 个地方,以 11 个小时不间断直播的形式,展现这 11 个地方 10 年间的发展变化。

第七章

创新为要:改革创新是第一动力

导向为魂,创新为要,守正创新是主流媒体高质量发展的正确方向和不竭动力。习近平总书记在党的十九大报告中指出,党的新闻舆论工作要高度重视传播手段建设和创新,切实提高新闻舆论传播力、引导力、影响力和公信力。

2022年8月30日,曾祥敏发布《我国媒体融合发展的十大创新探索》报告,提出党的十八大以来我国的媒体融合发展之路有十大创新探索,包括战略战术创新、体制机制创新、内容生产创新、技术应用创新、队伍建设创新、用户连接创新、服务模式创新、运营方式创新、网络治理创新、国际传播创新。① 2024年1月9日,中国社会科学院新媒体研究中心发布《媒体融合十年十大创新》报告,提出从2014年到2023年的十年媒体融合有十大创新,包括新闻生产流程创新、信息传播渠道创新、传统媒体盈利模式创新、网络正能量传播创新、中央级媒体机构融合创新、省市级媒体机构融合创新、地市级媒体机构融合创新、县级融媒体发展模式创新、省域媒体融合推进机制创新、技术赋能和应用创新。② 在这两份报告的基础上,结合《江西日报》"改

① 参见湖南日报.《我国媒体融合发展的十大创新探索》报告发布[EB/OL]. (2022 - 08 - 31) [2023 - 09 - 20]. https://baijiahao. baidu. com/s? id = 1742640205840738976&wfr = spider&for = pc.
② 参见江南都市报. 江西入选! 媒体融合十年十大创新重磅发布[EB/OL]. (2024 - 01 - 09) [2023 - 09 - 20]. https://baijiahao. baidu. com/s? id = 1787621640101616165&wfr = spider&for = pc.

革创新提高""凡重大,必创新"的理念,对《江西日报》的一些创新做法进行回顾和总结。

第一节　重大时政报道创新

时政新闻历来是主流媒体的主打内容,尤其是全国两会、党代会等重大时政新闻报道,更是主流媒体的重头戏。时政新闻报道是主流媒体检验媒体融合成效和展示媒体融合成果的舞台,借助这个舞台唱出拿手好戏既是机遇,也是挑战。在当前在媒体深度融合的背景下,主流媒体时政报道的创新面临困境,尤其是党报,党报时政报道如何创新出彩已成为传媒业界和新闻传播学界亟须研究解决的重大课题。

一、研究现状

对党报时政报道的观察和对前期研究成果梳理后发现,相关的实践探索和理论研究如火如荼,围绕这一问题的研究成果较为丰富,观点主要集中在以下几个方面:

（一）技术创新:时政新闻报道的技术应用研究

科学技术是第一生产力,新技术的应用大大提高了时政新闻的传播力。全国两会历来是各大媒体和新闻从业者运用尖端技术手段的首要"战场",《从"两会"报道看时政新闻生产的技术趋向》通过对两会新闻报道实践的观察,指出了技术驱动新闻生产的大致趋势(常江,2018)。《融媒体语境下"两会"报道的形式创新探析》指出,无人机、大数据、人工智能、虚拟现实、5G等新媒体技术运用到"两会"报道,对时政新闻报道带来了深刻影响(王晨达,2019)。

（二）形式创新:时政新闻报道的形式创新研究

各种新技术的出现,赋予了时政新闻报道多样、新颖的呈现形式。《数据新闻在时政新闻报道中的应用——以新华网"数据新闻"频道时政新闻为例》《VLOG 在时政类重大主题报道中的特征及未来走向》《时政新闻报道的融合创新之路——以庆祝改革开放 40 年部分主流媒体 H5 作品为例》指出,数说、图解、视频、H5、直播、VLOG 等创新和丰富了时政新闻报道的形式,让人们喜闻乐见(刘志昊,2017;王喆,2019;洪杰文,2019)。

(三)风格创新:时政新闻报道的风格变化研究

时政新闻报道因其政策性和政治性的双重严肃属性,往往给人一种"严肃而不活泼,重要但不好看"的感觉。如何改变时政新闻报道的话语风格,使其活泼化和亲民化? 许多学者对此展开了研究。《"萌"新闻如何改变时政新闻报道》《党报时政新闻的话语体系亲民化研究》《"严肃"的时政新闻如何讲好"生动"的故事——以省级党报上的县委书记报道为例》指出,用讲故事、使用网络语言等方式可以增加时政新闻报道的可读性和可看性(江源,2015;李诗,2016;何苏鸣,2017)。

(四)流程创新:时政新闻报道的内容生产研究

在新媒体时代,省级党报在进行时政新闻报道时,其内容生产的周期和模式都发生了改变。《论时政新闻报道内容的时效性》《亿级"爆款"短视频〈福气广州〉是如何打造的——从〈广州日报〉两会新媒体报道看融媒内容生产模式变革》《基于内容生产与传播新逻辑的省级党报传播力提升策略探析——以新闻客户端为例》指出,通过提高内容生产的速度、改变内容生产的流程来提高时政新闻报道的传播力(王岩,2012;田小平,2018;任健,2019)。

二、全国"两会"报道创新

全国两会是全国人民政治生活中的一件大事,每年两会的召开都会引发高度关注,全国主流媒体精锐尽出,不断挖掘和采集重大新闻信息,不断创新传播技术形式。凡重大,必创新。《江西日报》把每年的全国两会报道当成创新实践的机会,在全国"两会"报道中大胆创新,进行了有益的探索,在报道内容、生产流程、呈现方式和传播渠道等方面都有所创新,其创新成果可谓有声有色、精彩纷呈,交出了一份让党和人民满意的创新答卷。

(一)创优报道内容:特别策划,搞出特色

在信息时代,内容为王,优质内容是比较稀缺的资源。要把时政新闻打造成优质内容,新闻工作者必须精心策划,搞出特色。

1. 主题策划新颖

主题是新闻的主线和中心思想,主题新颖突出是评价时政新闻报道优秀与否的重要标准。通过整体谋划和特别策划,策划立意不凡的时政新闻主题,并围绕此主题,策划出更多更细的专题,将时政新闻主题做出新意、做出创意。《江西日报》聚焦 2022 年两会主题主线,在十四五规划、2035 年远景目标纲要基础上策划"奋进新征程 建功新时代"主题,以及后续的"书写新答卷 奋进新征程",这些主题立足于新的一百年,立意新颖不凡。

2. 题材选择贴切

根据表现主题的需要,围绕特别策划的主题来精心挑选题材,选择能够说明主题、突出主题的题材。围绕"奋进新征程 建功新时代"这一主题,《江西日报》选择了中部地区发展、共抓长江大保护、绿色发展先行区建设、全面推进乡村振兴、全面建设小康社会等题材,展开系列式报道。2022 年全国两会期间,围绕"中部地区如何高质量发展"这个题材,《江西日报》联合《安徽日报》《湖南日报》和《湖北日报》,邀请江西、安徽、湖南、湖北四省的全国人大代表进行交流探讨。围绕"共抓长江大保护"这个题材,《江西日报》联合《新华日报》《云南日报》等省级党报,采访相关的全国人大代表,对近年来取得的成绩进行解读。围绕"绿色发展先行区建设"这个题材,《江西日报》联合《湖北日报》《湖南日报》,深入通城、平江、修水,邀请三县县长,连线全国人大代表,讨论"通平修"绿色发展先行区建设。

3. 报道角度独特

面对时政新闻特别是重大时政新闻的报道可以根据时间、地点、人物的不同而选择不同的角度切入,时间、地点、人物等视角的切换能带来独特的视野。就两会报道而言,通常是连线本省的人大代表和政协代表,围绕他们的议案展开访谈。然而,《江西日报》在 2021 年全国两会期间借助三八妇女节这个时间节点,推出《全国两会上的江西巾帼风采》《江西女代表女委员惦记的这些事》等时政新闻作品,从江西女人大代表的视角报道全国两会。2021 年全国两会期间,《江西日报》以习近平总书记 2015 年 3 月 6 日参加江西代表团审议为时间节点,将习近平总书记历年参加江西代表团审议和两次视察江西的重要讲话精神贯穿打通,阐释和宣传习近平总书记重要讲话精神,全景式反映习近平新时代中国特色社会主义思想在江西落地生根的实践。此外,《江西日报》选择采访各行业各年龄层市民,拍摄短视频《我的"两会"小期待》,以市民真实朴素的话语和角度,说出内心的美好期待和愿景。

4. 话题设置巧妙

每年的两会,都会涌现一批反映治国理政理念、经济外交战略、社会民生关切、国际热点议题等热词、热点。如何让全国两会的声音,在最短的时间以热词的形式出现,成为所有采编人员思索的方向。

为突破流量瓶颈,江西新闻客户端建端伊始,就以打造话题为切入口,不断创新和聚合。其设置的话题,在专题、微博、抖音等互联网舆论场,统一标识,统一发声。在 2020 年全国两会期间,江西新闻客户端抖音创建话题"两会连连看",在短短的 10 余天时间里,访问量突破 2.5 亿,此举流量成果,对省级媒体来说,少之又少。

通过多年的成功探索,2022 年,江西新闻客户端在头条首屏开设"聚焦2022 年全国两会"专题,聚焦热点热词,在"喜迎全国两会""两会声音""履职在路上""两会要闻""两会速递""两会解读"等关键词上发力,截至 3 月 7日 11 时,在热点热词中,集纳稿件 628 条,总阅读量约 6000 万人次。

此外,江西新闻客户端及所属的江西日报微博、抖音同步开设话题或专栏#春风正劲#,吸引众多网友参与讨论互动,抖音专栏阅读量达 80 万,微博话题阅读量近 300 万人次。

(二)赋能生产流程:技术赋能,高效快捷

按照技术决定论的观点,科学技术是第一生产力,是推动媒介变革和社会发展的决定性力量。2020 年 9 月 26 日,中共中央办公厅、国务院办公厅印发的《关于加快推进媒体深度融合发展的意见》指出,要以先进技术引领驱动融合发展,用好 5G、大数据、云计算、物联网、区块链、人工智能等信息技术革命成果,加强新技术在新闻传播领域的前瞻性研究和应用,推动关键核心技术自主创新。①"中央厨房"、大数据、人工智能、AR、5G 等技术的应用赋能时政新闻生产,覆盖时政新闻生产流程"采集、生产、审核、分发"等各个环节,实现时政新闻集成化、智能化和云端化生产,大大提高时政新闻的生产效率。

1. 技术赋能集成化生产

在进行时政新闻报道,特别是重大时政新闻报道时,时间紧任务重,协调起来特别困难。有了"中央厨房"技术后,省级党报采用统一的"中央厨房"式采编平台来协调指挥不同部门、不同平台之间的工作,一次采集,多种生成,多元传播,实现时政新闻生产集成化。

江西日报社研发的融媒体中央厨房"赣鄱云",包括采编系统、加工系统、分发系统、管理系统等,具有"中央厨房"生产、移动采编、一张网管理、多平台展示等特点。调度员通过中央厨房进行调度指挥,前方记者在新闻现场报道新闻事件,将采集的文字、图片、视频等信息传入中央厨房,后方编辑对这些信息进行编辑加工,经过三审三校后,一键下发到微博、微信、客户端和网站。

"赣鄱云"在江西省抚州市、新余市、宜春市等市县开通了多个融媒体中央厨房站点,实现省、市、县三级纵向打通,横向联网。省、市、县三级联动报道在两会等时政新闻报道中取得了喜人的成绩,有效实现了时政新闻报道"一盘棋、一张网、一体化"。

2. 技术赋能智能化生产

人工智能、大数据、算法等技术应用在时政新闻生产的"采、编、播、发"等环节催生了智能化采集、智能化编辑、智能化播报和智能化推送,大大提高了生产效率和智能化程度,推动时政新闻生产从 PGC 模式向 MGC 模式转变。

大数据和爬虫技术能够快速及时采集到大量数据,打造出一系列的数

① 新华社.中共中央办公厅 国务院办公厅印发《关于加快推进媒体深度融合发展的意见》[EB/OL].（2020 - 09 - 26）［2023 - 09 - 25］. https://www.cac.gov.cn/2020 - 09/26/c_1602682828352978.htm.

据新闻内容。人工智能技术让机器人大脑更加智能化,可以担任新闻写作任务,人工智能虚拟主播能够学习真人主播的声音、口型和动作,播报输入的文字,同时配以相应的表情和动作。

在2021年江西两会期间,AI虚拟主播"悦悦"通过"数据+解读"的形式直观、生动地报道了《"数"览2021年江西省高级人民法院工作报告》,在《V看江西两会:代表委员提出这些好建议》系列短视频中,AI虚拟主播"悦悦"化身主持人,邀请代表委员分享议案提案,为江西高质量跨越式发展出谋划策。大数据和算法技术能够根据用户的兴趣爱好进行实现个性化精准推荐,做到千人千面。

3.技术赋能云端化生产

云技术赋能时政新闻生产,实现了云采访、云直播、云对话、云互动、云共享等云端生产模式。两会前夕,江西新闻客户端赣鄱云组建"云端编辑部",与前方记者实时联动,无缝对接,特快报道,大显身手。

《江西日报》在江西代表团驻地搭建5G视频采访室,连接赣鄱云在线视频采访通道,实现前后方实时互动、上下联动,开启江西省融媒体报道全国两会的"云模式"。南昌连线北京,从现场到"云端",从面对面热聊到屏对屏畅谈。2020年5月21日晚,江西省全国两会报道第一场融媒体云访谈开启,江西省6位全国人大代表、全国政协委员通过视频即时连线,看屏对话,围绕"全面建成小康社会"话题在线接受媒体采访。2022年3月5日至7日,全国两会江西代表团视频访谈进行了3次"云连线",江西新闻客户端从新闻报道、主持人、技术等方面,全力推动,相继推出融媒稿件《聚焦双"一号工程"代表委员与记者"云"对话!》《关注新时代乡村振兴!全国两会江西代表团第二场"云"对话举行》《加快建设制造业强省!代表委员们"云"上这么说……》并在全平台推出,总阅读量超60万人次。

2022年3月8日,江西新闻客户端前方记者与正在山区采访的《江西日报》记者,通过南昌后方的统一调度,推出《全国两会故事丨润物细无声!山区孩子云上圆梦》的新闻视频报道,该视频利用最新的"5G+AI+VR"技术,帮助身在北京的邬成香代表和远在千里之外的江西吉安泰和山区的孩子实现了同屏同框共唱歌曲《我的祖国》,在这个3分钟的视频里面,人工智能为技术创新赋能,现场感强烈,报道形式新颖,在网上和社会各界引起强烈反响,稿件获全省推送,全平台阅读量超20万,网友纷纷点赞留言称"高大上"。

(三)创新呈现方式:创意表现,新颖灵动

过去,省级党报时政新闻报道往往给人一种严肃的刻板印象,缺少活泼、好玩的信息产品,对年轻群体的吸引力不足。今天,各种新技术的出现赋予了时政报道多样且新颖的呈现方式,大大丰富了时政新闻的形态和语态。

1. 形式创新,形态多样

《江西日报》按照"凡重大、必创新"的报道理念,以产品形式创新为追求,持续在时政新闻产品形态上发力,在内容的表达形式上,力求多样态,通过图文消息、现场组图、创意海报、精美长图、H5、短视频、图文直播等形式,进行全媒体互动呈现,让人们喜闻乐见。

"三八"国际妇女节恰逢两会,江西新闻客户端重点推出《互动H5|致敬,生命中的那个"她"》,通过展示赣鄱新时代女性的良好精神风貌,并为每个女性代表、委员、姐妹送花,当天推出后,送花网友就达到了106万人次。同时,《江西日报》实现报端互动,限于报纸的版面局限性,报纸只选取了3位具有代表性的女性推出《世界因"她"而美丽》整版报道。

同时,融媒体报道中,江西新闻客户端先后推出《手绘|赣鄱大地展新颜——习近平总书记参加江西代表团审议7周年》、海报组《等你来开! 政府工作报告里的民生"大礼包"》、H5作品《红橙黄绿青蓝紫,江西原来这么美!》等多种形式的互动融媒体作品。

数说和图解充分运用在近几年江西省《政府工作报告》中,具体数据和手绘长图给用户带来全新的阅读体验。H5新闻融合文字、图片、音频、视频等元素为一体,包含游戏、闪爆、长图、生成等特技,具有强烈的互动体验。《江西日报》策划出品的《奋楫者先》《井冈新答卷》等融媒体封面和《读政府工作报告 看"江西画卷"》《向人民报告:我们"赣"劲十足》等多个H5作品,

在《江西日报》新媒体平台阅读量约 500 万。江西新闻客户端推出《两会 AI
主播》特色栏目,拍摄制作 Vlog 视频稿件,展现代表抵京履职的鲜活镜头。
视频《宋治平:建议产假延长至 3 年到 6 年,延长幼儿园、小学放学时间至晚
6 点》播放量超过 400 万人次,评论留言 3185 条;《全国人大代表刘希娅建议
减少学校与教育无关的工作》播放量超过 260 万人次,评论留言 2325 条。这
些新形式实现了传统的时政新闻从静态到动态,从可读到可听,从可视到可
互动的创新与转变。

2. 风格变化,语态活泼

时政报道因其政策性和政治性的双重严肃属性,往往给人一种"严肃而
不活泼,重要但不好看"的感觉。如何改变重大时政报道的话语风格,使其
活泼化和亲民化?《江西日报》不仅在形态上下功夫,而且在语态上也有所
改变,通过接地气、讲故事、改文风来实现年轻化、活泼化创新时政新闻的呈
现方式和表达方式。在 2022 年全国两会期间,《江西日报》微信公众号推出
的《红橙黄绿青蓝紫,江西原来这么美!》《2022 怎么干? 政府工作报告带你
看!》《代表委员话发展,听听他们说了啥?》三篇文章,标题风格都非常活泼。

众多融媒体创意互动作品,既注重用户体验感受,又结合新闻宣传要
求,为全国两会增添了一抹别样的色彩。

(四)拓展传播渠道:矩阵传播,发挥合力

省级党报经过多年的平台搭建和渠道拓展,已经拥有报、网、微、端、视
等传播渠道,而且还在继续拓展和不断融合,构建融媒体矩阵,产生全面覆
盖、协同共振的传播合力,全面立体讲好江西故事,传播江西好声音,展现江
西好形象。

1. 内部矩阵,全社互动

《江西日报》已经形成报、网、微、端、视一体化的主流媒体传播新格局,
报纸有《江西日报》《江南都市报》《信息日报》《新法制报》等;网站有大江
网、中国江西网、问政江西等;微博微信有《江西日报》官方微博、"江西日报"
微信公众号、"江西时政头条"微信公众号等;客户端有江西新闻客户端、大
江新闻客户端、江西手机报等;视频有江西日报微信视频号、江西日报抖音

号等。在时政新闻报道时,各传播渠道彼此协作,全屏联动,多端分发,形成蒲公英式矩阵传播,最大限度地聚合和触达读者与用户。

2.外部矩阵,省际联动

为了扩大时政新闻的传播力,省级党报之间尝试省际联动,同频共振,同向聚力,形成统一声势和声浪传播。2019年12月,由江西新闻客户端倡导成立的全国首个省级主流融媒体共同频道"省际联播"正式上线,意味着全国各省级主流融媒体有了共同的"发声"渠道,真正实现了省级融媒体的抱团发展、共享共赢,目前已经有新湖南客户端、大众日报客户端等十九家省级党端共同参与。

在2021年全国两会期间,《江西日报》联合《湖南日报》《贵州日报》《解放日报》《浙江日报》《河北日报》《陕西日报》七省市党报,邀请七省(市)全国人大代表讲述红色故事,推出"追寻红色印记 传承红色基因"融媒体联动报道。《江西日报》还联合《甘肃日报》《陕西日报》《湖南日报》《浙江日报》和《贵州日报》,邀约人大代表委员讲述百年发展史,推出"重温百年光辉历史 走好新时代长征路"融媒体联动报道,取得了良好的传播效果。

在2022年全国两会期间,江西新闻客户端提前策划、精心组织,通过"省际联播",共同推出"奋进新征程 建功新时代——大型全媒体两会报道"活动,多省联动造就丰富多彩的融媒体产品,为读者带来两会报道"新闻大餐"。活动得到天目新闻客户端、新甘肃客户端、冀云客户端、新海南客户端、天眼新闻客户端、广西云客户端等十多家全国党端联动传播,让全国两会报道形成合力,在省际传播达到最大化。

前方记者充分发挥技术本领,既采写文字,又拍摄图片,独立进行视频剪辑,真正做到了"一岗多能"融媒体型记者,同时,形成"后方"即"前方"指导思想,后方编辑、技术全力配合前方记者所需,提供文字加工、排版、技术联动等支持,持续推出《党端联动|倾力答好教育"必答题" 代表委员们这样说……》《党端联动|推进乡村振兴,代表委员有哪些"金点子"?》《党端联动|优化生育政策配套措施 政协委员建言献策》等全国党端互动稿件,全网阅读量超亿人次。此次全国党端大互动,引发社会热烈反响,获得中国记协发

文点赞表扬。

综上所述,党报要进行时政新闻报道的创新并提升时政新闻传播力,必须创优报道内容,策划出主题新颖、选题贴切、角度独特的时政新闻,让时政新闻成为优质内容;必须在媒介技术的驱动下赋能时政新闻生产流程,实现时政新闻集成化、智能化和云端化生产,提高时政新闻的生产效率,让时政新闻生产高效快捷;必须创新呈现方式和表达方式,创造新颖的形式形态和活泼的语态风格,让时政新闻丰富多彩;必须拓展传播渠道,构建媒体矩阵,进行融媒传播,让时政新闻同频共振,同向聚力,形成统一声势和声浪传播。科技在发展,时代在进步,党报时政新闻报道要与时俱进,继续探索和创新。

第二节　管理体制机制创新

管理体制机制是主流媒体发展的动力,也是媒体融合的保障,改革创新管理体制机制成为新型主流媒体深度融合发展的重中之重。中共中央办公厅、国务院办公厅在 2020 年 9 月 26 日印发的《关于加快推进媒体深度融合发展的意见》中指出,要深化主流媒体体制机制改革,建立适应全媒体生产传播的一体化组织架构,构建新型采编流程,形成集约高效的内容生产体系和传播链条。[①] 曾祥敏在 2022 年 8 月 30 日发布的《我国媒体融合发展的十大创新探索》报告中指出,在体制机制创新上,要改革管理制度、重塑组织架构、再造生产流程。[②]

一、媒体融合推进机制的创新

《江西日报》的媒体融合离不开江西省委、省政府的推进和保障,为持续

---

① 参见新华社. 中共中央办公厅 国务院办公厅印发《关于加快推进媒体深度融合发展的意见》[EB/OL]. (2020 - 09 - 26)[2023 - 09 - 25]. https://www. cac. gov. cn/2020 - 09/26/c_1602682828352978. htm

② 参见湖南日报.《我国媒体融合发展的十大创新探索》报告发布[EB/OL]. (2022 - 08 - 31)[2023 - 09 - 20]. https://baijiahao. baidu. com/s? id = 1742640205840738976&wfr = spider&for = pc.

推进媒体融合工作,江西省委、省政府大力加强省、市、县三级融媒体中心建设,构建起"1(省融媒体中心)＋2('赣鄱云''赣云')＋11(设区市)＋105(县、市、区)"融媒体联动指挥体系,建立省市县三级融媒体联动策划、报道和推送机制,实现了"融为一体,合而为一"。江西省委宣传部还专门成立融合发展处和融媒体推进中心,为媒体融合提供体制机制保障。①

为推动江西日报社(江西报业传媒集团)的改革创新,江西省委宣传部加强顶层设计,在2021年6月出台《关于完善江西日报社与江西报业传媒集团人员管理机制的意见》《关于建立健全江西日报社高层次人才工资分配激励机制的意见》,改革后的管理制度激发了《江西日报》的活力,创新创业成为江报人的自觉行动。②

江西省的媒体融合推进机制创新敢为人先,成效显著,在2024年1月入选中国社会科学院新媒体研究中心重磅发布《媒体融合十年十大创新》,在中国媒体融合历史上记录下了光辉的一笔。

二、采编与经营"两分开""两加强"

新闻媒体在采编与经营不分的模式下,容易出现采编人员参与经营和经营人员影响采编等情况,从而导致有偿新闻、新闻敲诈等新闻腐败行为,严重损害了新闻报道的独立性和客观性,降低媒体的公信力。

为贯彻落实采编与经营"两分开"原则要求,避免采编与经营不分可能带来的负面影响,江西日报社从2021年初开始启动采编与经营"两分开"的体制机制改革创新,在没有成熟模式和成功经验可借鉴的情况下,大胆创新,敢于尝试,从组织机构、人员岗位、业务流程、财务核算、考核评价五个方面进行了彻底的分离。就组织机构分开而言,按照"分工不分家"的理念,设计了"一个党委、两个机构、一体化运行"的办法,即在江西日报社社委会(江西报业传媒集团党委)的领导下,分为江西日报社和江西报业传媒集团,分

---

① 参见江南都市报.江西入选！媒体融合十年十大创新重磅发布[EB/OL].(2024-01-09)[2023-09-20].https://baijiahao.baidu.com/s？id=1787621640101616165&wfr=spider&for=pc.
② 参见王少君.敢为人先"破坚冰"埋首深耕"试验田"——江西日报广告经营额首破亿元的"路径密码"[J].中国报业,2022(04):32-35.

别负责采编任务和经营任务。①

继采编与经营"两分开"的改革创新后,江西日报社(江西报业传媒集团)继续深化体制机制改革创新,创新了考核机制、激励机制、分配机制和管理机制,出台了《采编和经营人员绩效管理考核办法》《激励干部职工担当作为及时奖励办法》《集团薪酬管理办法》《中层管理人员双向交流使用办法》等一系列文件,激发了干部员工创业的积极性,加快了《江西日报》媒体融合的步伐。②

江西日报社(江西报业传媒集团)在采编与经营"两分开"的基础上,分工不分家,实行采编业务和经营业务"两加强",不仅提升了内容生产质量,打造了一批融媒体精品,而且提高了产业经营效益,广告经营收入逐年增长。此外,江西日报社(江西报业传媒集团)还探索采编与经营之间的协同合作机制,出台了《关于推进产业经营反哺新闻宣传工作的若干意见》《江西日报广告经营反哺采编工作实施办法(试行)》等文件。

---

① 参见王宣海.采编经营"两分开",术业专攻"两加强"——以江西日报社经营规范化为例[J].新闻战线,2022(10):107-109.
② 参见王宣海.采编经营"两分开",术业专攻"两加强"——以江西日报社经营规范化为例[J].新闻战线,2022(10):107-109.

第八章

媒体深度融合的实践路径

在国家政策的引导下,在政治逻辑、市场逻辑、技术逻辑的驱动下,媒体融合走向媒体深度融合,传媒行业逐渐向纵深发展。媒体深度融合不是终点,而是媒体融合的高级阶段,这个阶段的目标就是要建立以内容建设为根本、先进技术为支撑、创新管理为保障的全媒体传播体系。

推进媒体深度融合,建立全媒体传播体系,直接关系到新闻传播事业能否实现现代化,间接影响到 2035 年能否基本实现社会主义现代化目标。因此,各级党委和政府、各级媒体单位、每位新闻工作者都要遵循党中央的战略部署,进行媒体深度融合的探索与实践。

中国式媒体融合走的是一条符合中国国情、具有中国特色的道路,没有现成的经验可借鉴。要在全媒体时代完成媒体深度融合发展这项工作,实现全媒体传播体系建设目标,时间紧,任务重。因此,一方面要加强实践探索,及时总结经验,另一方面要加强理论研究,高度概括成果。

十年来,虽然传统主流媒体在媒体融合发展中取得了一定成绩,在体制、内容、技术、人才、资金等方面实现全面融合提升,但在全球和全国有影响力的头部媒体,仍然不多。在此媒体环境和传播格局深刻变革的浪潮中,笔者通过研究我国媒体融合发展的现状、问题,提出一些前瞻性的思考,以期剖析如何推进媒体深度融合。

第一节　加强全媒体传播体系建设,塑造主流舆论新格局

党的二十大报告提出,要加强全媒体传播体系建设,塑造主流舆论新格局。这对我们牢牢掌握意识形态工作领导权、话语权,推进文化自信自强提出了新要求。战略布局擘画蓝图,媒体融合从建设立体多样、融合发展的现代传播体系到构建全媒体传播格局,再到建设全媒体传播体系,方向路径日益明晰、脚步日益坚定、成效日益显著。① 截至目前,国内已有二十余个省市发布了"十四五"规划和2035年远景目标的建议,其中均涉及"媒体深度融合""新型主流媒体""县级融媒体中心""全媒体传播体系"等关键词。

全媒体传播体系是一个有机系统,需要用整体思维、协同思想贯穿这一工程。各级媒体要从内容、技术、管理的系统发展,进而形成以内容建设为根本、先进技术为支撑、管理创新为保障的全媒体传播系统建构。在全媒体自主平台搭建、内容生产、渠道分发、人才建设、经营管理、用户连接等各个方面形成新型主流媒体全局性、战略性、系统性整体转型,同时在体系结构上,结合央、省、市、县的全媒体体系的四梁八柱布局,通过资源集约优势,寻求战略侧重、路径明确、特色突出的改革创新活力。

各层级全媒体传播体系建设要各有侧重,互为犄角。第一,有优势、有实力的中央媒体要建成新型主流媒体"旗舰"和"航母",在平台和内容建设上不仅起到创新引领的作用,更要成为主流舆论引导的定盘星和压舱石。② 第二,省级媒体作为有一定资源规模的区域性建设平台,要积极发挥在区域媒体链接、特色发展引领、资源协调共享等方面的引领和示范作用。第三,

---

① 徐晓梅.加快全媒体传播体系建设,做好新时代党的新闻舆论工作[J].新闻战线,2023(06):4-7.

② 周煜媛,董华茜,曾祥敏:全媒体传播体系建设辩证法——思行合一,合分同构,共融一体[J].中国广播影视,2023(Z1):34-38.

市地级媒体要因地制宜加快探索适合自身的融合发展模式,在优势点发力、关键处聚焦。① 第四,县级融媒体要建强用好,实现可持续发展,深化"新闻+政务+服务"。

建设全媒体传播体系,是推进国家治理体系和治理能力现代化的重要一环,各级媒体应该充分认识到需要做强新型主流媒体,打造新型传播平台。移动互联网时代,这个"新型传播平台"主要就是指新闻客户端,客户端"新闻+政务""新闻+服务""新闻+商务"等功能,有利于打通传播体系与社会治理体系,以媒体融合发展助力社会治理创新。

在推进全媒体传播体系的建设中,媒体不断创新尝试。比如《湖南日报》在2021年启动新一轮媒体深度融合改革,《湖南日报》与新湖南客户端"融为一体、合而为一",由中心制变频道制,全媒体编委会全流程指挥调度全社内容生产,逐步构建起"一报两端、一网多号"的全媒体传播体系。内蒙古日报社通过流程建设、内容生产体系建设、全媒体队伍建设与考核优化、技术平台打造、传播矩阵构建等8个方面,加快全媒体传播体系建设。

第二节　创新体制机制,打造媒体融合调度考核部门

创新管理制度既是建立全媒体传播体系的保障,也是建设全媒体传播体系的动力。因此,创新管理体制机制是推动媒体融合深度发展的重中之重。具体而言,在管理制度、组织架构和生产流程等方面需要进一步改革创新,才能解除捆绑和束缚,释放激情和活力。

一、加强顶层设计,整合资源向主战场进发

体制机制改革作为推进媒体融合迈向纵深的内在动能源泉,在确保系

① 周煜媛,董华茜.曾祥敏:全媒体传播体系建设辩证法——思行合一,合分同构,共融一体[J].中国广播影视,2023(Z1):34－38.

统统一性和协调性的同时,还能充分赋予和凸显各个组成部分的自由度,因而更具有先导性和战略性的决定意义。① 因此,要不断争取政策支持,比如,张家港市融媒体中心从成立伊始,先后争取到市委市政府办公室印发《张家港市融媒体中心改革实施方案》《张家港市融媒体中心薪酬制度改革实施方案》《关于成立今日张家港"政务云"暨江苏政务服务网"张家港旗舰店"移动综合服务总门户建设推进工作组》《关于全面推进数字张家港建设的实施方案》《关于无偿划转张家港市大数据有限公司100%国有股权的通知》等文件。又如江西抚州融媒体中心得到抚州市委、市政府主要领导的高度重视,多次参与市级媒体融合改革,并主持召开会议,就媒体融合作出专门部署,从而让抚州市融媒体中心、市属传媒集团以昂扬姿态迅速开展市级媒体融合改革。

二、打造媒体融合调度考核部门

目前,各媒体的融媒体中心已初具规模,但融媒体中心主要是内容生产、分发,平台更新、升级,新闻策划调度等用途,对参与部门的考核不够健全,媒体还需不断改革,理顺体制机制,在部门设置和人力分配上体现出对媒体融合的重视,打造媒体融合调度考核部门,要有人负责客户端运营,有人负责与用户互动,有人负责第三方平台,工作成效有效纳入媒体融合的考核评价体系。

第三节　淬炼内容生成专业化,构建专业队伍工作室

传统媒体从来被认为是专业队伍,但随着媒体融合的深度发展和自媒体的崛起,传统媒体开始做视频和直播,自媒体涉足新闻评论和视频制作,

---

① 胡正荣,李荃.融合十年:2012－2022年媒体融合的历程回顾与前景展望[J].现代视听,2022(09):5－10.

都走向了内容专业化的道路,这时,很多故步自封的媒体开始奋起直追学习和模仿。

一、内容专业化要融合创新

内容创新是媒体融合发展的起点,更是媒体融合发展需要着力把握的根本。融合创新的重点,从产品创新到渠道拓维,进而到自主平台建设。中国新闻奖的评选要求和形式也在不断更新,在2022年打破长期以来主要按媒体介质设立奖项的做法,各个奖项各类媒体均可参评,同时新设了"融合报道"和"应用创新"两个专门奖项,引导媒体提高融合生产能力、探索"新闻+服务"新业态,加快建设全媒体传播体系。①

二、内容专业化要组建融媒体工作室

融媒体工作室是主流媒体系统性变革的重要抓手,也是创新内容生产机制的重要手段。融媒体工作室与传统媒体编辑部不同,它是一个为完成某个项目或任务而组建的灵活组织。融媒体工作室的运作模式就是项目制生产,即由工作室负责人牵头,跨部门抽调专业人员组成项目团队,协同合作生产融媒体产品,实现内容生产专业化。调研发现,人民日报社、北京日报报业集团、上海报业集团、黑龙江日报报业集团纷纷启动融媒体工作室组建计划,组建了多个融媒体工作室。其中,人民日报社组建的"侠客岛""麻辣财经"融媒体工作市、北京日报报业集团组建的"胡同里的北京""光影记忆"融媒体工作室等已经脱颖而出,高效生产了多个融媒体精品。

三、内容专业化要打造品牌效应

在信息爆炸时代,人们在碎片化时间接触大量碎片化的信息,容易迷失在信息的海洋里。稳定量产、持续输出个性化的融媒体产品,并培育成品牌IP显得至关重要。调研中发现,央媒新媒体建设方面都有各自创新性的工作举措,致力以特色IP打造为引领,在内容与传播、服务层面全面发力。新华社客户端新媒体中心推出系列浓墨重彩、温暖热烈的"IP化"融媒体产品,以IP带报道,选取具有合作资源优势的领域或主题,建立一批融媒体产品

---

① 练蒙蒙.以核心竞争力推动媒体深度融合发展[J].中国记者,2024(02):93-97.

IP。如聚焦文物保护主题，打造国宝系列新闻 IP；聚焦农业经济乡村振兴，推出"宝藏田野"，以主流价值引领多样舆论。人民网新媒体中心通过包含 1000 万的创投基金的《人民网融媒体精品工程项目支持计划》支持内容"创业"计划，给予真金白银，"孵化"出大 IP、大网红，在《支持计划》之下，优秀原创内容策划"出货量"大了，"爆款量"多了，编辑记者干劲儿也更足了。"四川观察"从长远着眼，全方位、系统化地规划发展，依托品牌 IP 延展媒体的功能、属性，创新自身的品牌价值，全方位朝着品牌型媒体的方向发展，以期成为品牌型媒体。

四、内容专业化要走可视化之路

在全媒体时代，优质内容需要全媒呈现和视觉传达，可视化就是运用图解、手绘、动画、短视频、Vlog、H5、VR 等可视化手段来进行内容生产，将可读性转变为可视化，将静态展示转变为动态交互，将二维呈现转变为沉浸体验。在时政报道和主题报道中，可视化将严肃的时政报道变得生动活泼，将重大的主题报道变得通俗易懂。运用可视化手段来生产融媒体产品，提升融媒体产品的品质已经成为新闻工作者的共识。

在众多可视化手段中，短视频已经成为众多媒体报道的首选。很多新闻单位为适合移动传播，着力打造策划推出一系列思路新颖，具有创新性，贴近受众的融媒体产品栏目。如《中国日报》在核心报道、国际财经、文化传播等方面打造了一批具有鲜明特色的网红 IP。核心报道如《暖风习习》《领航工程》；文化类如双语原创谈话类视频节目《围炉漫话》，文化体验类全媒体栏目《开箱中国》，人格化的平视视角的《小彭 Vlog》。《川观新闻》通过小课堂动画视频、3D 类视频产品、三维视频＋穿越机等技术重点打造多种融媒体作品等。同时，视频平台正在各个媒体中形成品牌化，如《湖南日报》的"湘视频"、《河南日报》"豫视频"、《新京报》的"我们视频"、《南方日报》"N 视频"、浙江广电的"Z 视频"、红网新媒体集团的"红视频"和《江西日报》的"江报视频"、江西广电的"今视频"等。

第四节　发展传媒新质生产力,以特色方式走好技术新路

近十年来,数字技术、网络技术、移动技术与智能技术渗透到人们生产生活的方方面面,使产业融合升级成为可能,这四种技术构建的社会生态已成为人类的新的基本生存方式,且这种新的生存方式将持续较长一段时间。

推进媒体深度融合发展和主流媒体系统性变革,关键在于发展传媒新质生产力。传媒新质生产力也被称为新质传播力,是以技术创新为驱动力,推动传媒行业高质量发展的能力。

一、树立"技术创新"理念

创新为要,媒体融合的创新探索不仅体现在体制机制的创新,而且体现在技术的创新。技术创新对于媒体深度融合发展至关重要,先进技术是全媒体传播体系建设的支撑力和驱动力,数字技术、网络技术、移动技术与和人工智能技术让媒体变得更加数智化。因此,主流媒体必须树立"技术创新"理念,借助"技术创新"这个动力引擎,以特色方式走好技术新路,发展传媒新质生产力,提升新质传播力。

二、自力更生,自主研发

处于技术日新月异的全媒体时代,主流媒体只有坚持自力更生,自主研发,才能改变"疲于追赶"的被动局面,实现从"追赶"到"领跑"的转换。中央级媒体作为主流媒体的旗舰和主力,应依托自身打造的融媒体实验室、媒体融合与传播国家重点实验室、媒体融合生产技术与系统国家重点实验室,或加强与新技术公司的合作,围绕传播领域的关键技术和核心技术,进行原始研发或者二次创新。

新华社成立技术工作领导小组,形成以技术局为统筹、国家重点实验室为牵引,其他相关单位为主要创新主体的技术建设新格局。人工智能、大数据等先进技术应用初具规模,涌现"媒体大脑""现场云""媒体创意工场"、

新立方智能化演播室、"卫星新闻"等一大批技术成果,为媒体深度融合提供有力支撑。

三、聚集培养优秀技术人才

要自主研发高新技术,技术人才队伍建设是关键。技术人才队伍包括系统管理人员、技术研发人员、产品设计人员、安全维护人员等,是主流媒体技术部门或技术公司的技术骨干,也是推动技术创新的核心力量。

江西融媒大脑科技有限公司为打造国内一流的省级重大技术综合支撑平台"江西融媒大脑平台",专门组建了一支优秀的技术人才队伍,聚集了技术研发人员、产品设计人员等技术岗位人才,其中技术研发岗位人才数量占技术人才队伍总人数的70%。浙江传播大脑科技股份有限公司吸引了不少年轻人才加盟,传播大脑技术人才队伍平均年龄不到32岁,三分之一以上人员毕业于985/211院校,技术研发类人才占比超70%,许多团队成员有在互联网技术企业或主流媒体工作的经历和经验。江西赣州日报坚持"移动优先",按照"报、网、台、端、微、号、屏"七位一体的融合思路,重塑内容生产及发布流程,促进优质资源、技术人才向移动端汇集。

加强技术人才队伍建设,聚集优秀技术人才,一是要引进优秀技术人才,壮大技术人才队伍,为此,必须以"揭榜挂帅"和"市场化选聘"机制向社会公开招聘。二是要留住优秀技术人才,贡献技术智慧,为此,必须在职务晋级、职称晋升、绩效奖励等方面给予倾斜,按照技术贡献灵活考评和激励。

加强技术人才队伍建设,培养优秀技术人才,必须加强技术人才培训,给他们学习新技术的时间和机会,落实继续教育要求,督促他们终身学习,不断提升专业技术岗位必备的核心素养。

四、技术成果转化产生效益

技术成果也可以形成产品,在推广应用后,实现转化后产生效益,成为盈利的增长点。从2018年开始,贵阳市先后投入2500万元建设"贵阳融媒大脑"技术平台,借此将不同层级媒体的客户端和采编管理放在共同的平台之上,系统管理,协同高效,贵阳还将"融媒大脑"作为对接"城市大脑"的技术后台,使媒体融合得以联通智慧城市丰富应用场景。

第五节　打造核心竞争力,深耕区域地域提高用户黏性

在媒体深度融合的背景下,传媒行业的竞争愈发激烈,主流媒体的进步愈发艰难。改革创新是发展的动力,党中央及时提出了"主流媒体系统性变革"的战略理念,其目标就是要打造新型主流媒体的核心竞争力。

一、打造核心竞争力,做强主流媒体

(一)深耕本土文化

内容为王,优质内容是吸引大流量和提高用户关注度的关键因素。主流媒体拥有的内容资源优势构成了与商业平台竞争的绝佳筹码,是打造核心竞争力的基础。

深耕本土就是要多维度、多视角地做好本地新闻,生产以地方文化和地域特征为核心的融媒体产品,讲好地方故事。例如尤溪融媒体中心立足本土传统文化,拍摄纪录片《守摊人》、专题片《尤溪》、城市宣传短片《悠"尤"自在心心相"溪"》、朱子文化系列短视频《人需为儒》等精品佳作。

(二)拓展综合服务

拓展服务就是要提升融媒体机构的综合服务功能,如政务服务、商业服务、公共服务等,密切关注党和政府最需要什么,时刻关注老百姓最关心什么。比如《江西日报》推出"九龙湖论坛",为省内党、政、学、企、媒架起沟通交流桥梁;江西新闻客户端主打"本地资讯 + 生活服务",与"赣服通"对接,实现了全省5592项事项"掌上办",102种电子证照"掌上查"。上游新闻积极建设精耕本土、面向全国的新型主流媒体,拓展"媒体 + 政务服务商务"模式,增强核心市场竞争力,上游新闻客户端下载量超过6000万,多个互联网影响力数据指标位列重庆第一。

(三)打造自主平台

围绕加快媒体深度融合发展,要规划好内部资源和外部资源的系统整合,

集中打造一批自主可控的新媒体平台。比如《云南日报》重点打造的云报客户端已经跻身全国党报传播力 20 强榜;《春城晚报》全力向移动端转型,整合资源运维各级党委、政府部门网站和新媒体传播平台;"云南发布"新媒体聚合平台、学习强国云南学习平台、云南省人民政府门户网站、云南省纪委省监委网站、云南人大网和微信等全面系统布局整合,还主动融入和服务"数字云南"建设,研发推广"云上智慧云";广西横州市融媒体中心拓展"融媒+政务""融媒+服务""融媒+实践"功能,与公安、卫健、人社、住建等政府部门合作,围绕聚焦民生服务开展新媒体问政,为"横州云"APP 赋能,使之成为全市百姓的"移动的信息发布平台""指尖上的政务服务大厅"和"口袋里的便民服务中心";瑞安市融媒体中心 3 到 5 年的发展目标是"致力成为全国一流的县域新时代治国理政新平台";"大众号"融媒智慧平台,面向县市区和各行业开放,已入驻150 余家,与泰安市合作推出"泰山慧治"手机平台和"新泰 E 键通"民呼党应智慧平台,成为以媒体融合促进社会资源整合、融入社会治理范例。

(四)发展文化产业

主流媒体将采编与经营"两分开"后,实现了采编部门与广告、发行、印刷等经营部门的分离,分离出来的经营部门按照现代企业制度组建公司。这样一来,既保证了公益性新闻事业的政治属性,又兼顾了经营性文化产业的经济属性。主流媒体成立传媒集团,构建文化产业体系,拓宽了经营范围,提高了经营收入,激发了经营活力。

江西日报社(江西报业传媒集团)实行采编与经营"两分开""两加强"改革后,江西日报社作为公益二类事业单位,履行新闻宣传职责,做好新闻舆论工作;江西报业传媒集团作为省属重点文化企业,负责做好文化产业经营,对旗下的经营事业部、传媒公司和传媒杂志社等子公司进行产权管理。江西报业传媒集团围绕文化强省建设要求,实施"传媒+""文化+"战略,推动传媒产业与文化产业的融合。江西报业传媒集团紧抓数字经济发展机遇,实施文化数字化战略,将数字化技术应用于文化产业新项目,成功孵化了江报培训、江报智库、江报会展等多个文化产业品牌。江西报业传媒集团致力于打造具有核心竞争力的省级党报集团,构建具有全国影响力的党报集团现代文化产业体系,推动文化产业高质量发展。

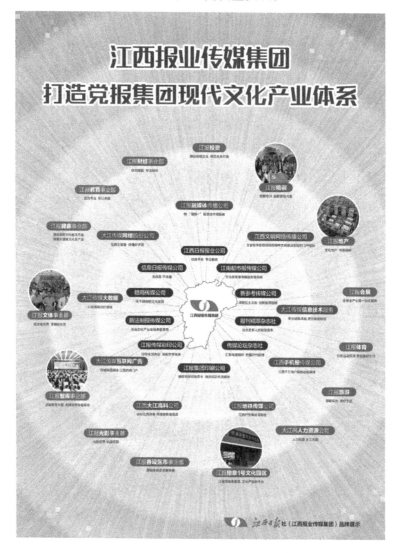

图8-1　江西报业传媒集团现代文化产业体系
图片来源:江南都市报微信公众号

二、提高用户黏性,防止用户倦怠

倦怠一直是健康科学和医学研究的范畴,尤其是对加速社会和功绩社会中的职业倦怠或工作倦怠的研究成果较为丰富。随着社交媒体的兴起,社交媒体倦怠问题随之显现,对社交媒体倦怠的研究也开始兴起。

（一）身体疲倦、审美疲劳、自我觉醒是社交媒体倦怠的成因

1. 身体疲倦引发倦怠

媒体推送的海量内容让用户眼花缭乱，应接不暇。长时间、近距离的观看即"久视"使眼球的睫状肌一直处于收缩的紧张状态，容易造成用眼过度，视觉疲劳。在了解用户看手机的身体姿态后发现，躺着看、坐着看、站着看是常态，甚至还有边走边看的情况。这样一来，不仅是久视，而且是"久卧＋久视""久坐＋久视""久立＋久视""久行＋久视"四种模式，长此以往，大脑和身体在不间断的视听刺激下越来越疲劳。用户过度使用媒体，出现娱乐过度、信息过载、耗时过多等情况，其结果是身体疲倦，引发倦怠。

2. 审美疲劳引发倦怠

媒体平台的算法机制是发现用户的兴趣，然后推荐用户感兴趣的内容。机器算法推荐和传统媒体的议程设置有所不同，前者基于用户的兴趣偏好，后者基于传者的价值判断。用户对感兴趣的内容进行播放、点赞、评论、收藏和分享，对不感兴趣的内容不予播放或进行标注，这些行为数据会被算法学习掌握计算，形成用户兴趣标签，并不断的添加和完善，然后投其所好，精准推荐。在技术无意识和内容无感知的状态下，缺乏算法素养的用户浑然不知。审美疲劳源于刺激适应，用户长时间接触一种类型或形式的事物而产生麻木，没有感觉，造成"富足的窘境"。算法技术奴役了用户的注意力资源，并把它关在"信息茧房"中。算法推荐的短视频体量大且题材非常类似，同质化比较严重，长期重复观看会导致审美疲劳，兴趣度逐渐降低甚至消失，引发倦怠。

3. 自我觉醒引发倦怠

碎片化的内容让用户从走马观花式快速浏览中获得即时满足，产生"省时"的错觉。短暂的浏览积少成多，聚集成了长时间的凝视。用手指滑屏的行为类似于按遥控器切换电视频道，时间在切换的过程中流逝，让用户沉浸其中，产生心流体验。如同嗑瓜子，根本停不下来，不知不觉看了几个小时，所以网民声称"视频十五秒，人间两小时"。然而，浏览的时候感觉不明显，浏览完之后就有了明显的时间感知。浏览投入大量的时间成本，收益却并不可观，这种落差使得用户在浏览完之后产生浪费时间的负罪感，引发倦

怠,这种负罪感就是自我警觉意识的激活。

按照美国社会学家卡茨尔提出的"使用与满足理论",人们使用媒体的目的是为了满足某种需求,例如娱乐、消遣、社交等,人们会根据满足程度对下一步的媒介使用行为作出调整。社交媒体倦怠容易引发不持续使用意向或行为,这种不持续使用意向或行为具体表现在要么是短暂性地停止使用社交媒体,犹如按下暂停键,给身体一个休息缓冲的时间,待倦怠感消失后再重新使用社交媒体;要么是永久性地停止使用社交媒体,犹如按下删除键,彻底远离和断连,譬如用户取消关注账号或卸载 APP。

(二)提供媒介技术支持、加强媒介素养教育能缓解倦怠

1. 提供媒介技术支持

针对持续观看、用眼过度导致的视觉疲劳,主流媒体要为用户提供相应的技术支持,帮助用户缓解视觉疲劳。一是推出护眼视频,这些护眼视频以绿色为背景,上面流动着水珠,可有效缓解视觉疲劳。二是设置护眼模式,通过色温调节,过滤视频中的蓝光,达到保护眼睛的目的。

为防止用户过度使用,主流媒体要给用户提供使用管理助手。使用管理助手的内容管理功能可以帮助用户设置自己的内容偏好,让媒体平台更精准地推荐内容。使用管理助手的时间管理功能可以帮助用户设置时间提醒休息,也可以设置时间提醒睡觉,合理控制观看时长。

2. 加强媒介素养教育

媒介素养是指用户正确认识媒介、使用媒介和批判媒介的能力,在媒介技术高速发展的新时代显得尤为重要,一些缺乏媒介素养的用户由于媒介使用不当引发的问题络绎不绝。主流媒体应承担社会责任,加强媒介素养教育,普及媒介科学知识,帮助用户提高自身的媒介素养。

主流媒体为用户提供媒介技术支持,加强媒介素养教育后,用户能发挥主体性和自主性,正确使用媒介,正确对待自身和媒体之间的关系,解决"成瘾""倦怠"等问题。主流媒体也能提高用户黏性,防止用户倦怠。

第六节　"大融合"思路,构建以客户端为主的舆论阵地

"大融合"思路是指主流媒体在深度融合发展的基础上,搭建自主可控新媒体平台,实现媒体与社会的融合同构。借助以客户端为主的新媒体平台,进行跨界融合,提供多元服务,推动社会发展。

采取大融合思路的媒体主要有南方报业传媒集团、浙江日报报业集团、四川日报报业集团、重庆日报报业集团、齐鲁晚报社等,地市级媒体主要有苏州广电传媒集团等,县级媒体主要有浙江省温州市瑞安市融媒体中心、江苏省无锡市江阴市融媒体中心等。其中江阴市融媒体中心联合 5 家国资公司、2 家医疗集团,出资 1 亿元,共同组建江阴市大数据股份有限公司,2022年全年营收总额 1 亿元,数字经济占据传媒产业营收半壁江山。

随着媒体融合的深入推进,各媒体深刻认识到,在移动互联网时代,要打造自有新型传播平台,主要是新闻客户端。虽然有人认为,随着5G、物联网的发展,客户端也许不是未来发展的主要平台,但不可否认,近年来,客户端已成为媒体融合发展的"主阵地",在舆论引导、社会治理等方面发挥了重要作用。然而,调研发现,很多客户端有"端"没有"客",有的地方客户端日活跃用户数只有上千,甚至个别的只有几百,日活跃用户数甚至比传媒集团人数都少。

要破解主流新媒体"有端无客""用户流失""用户增长缓慢"的难题和困境,就必须要有用户思维,坚持"以用户为中心"的基本理念;不断进行内容创新,实现差异化发展;不断完善移动端系统化架构,提供综合服务,与用户建立强关联。

一、以用户为中心,提高内容满意度

互联网思维有 9 个思维,其中第 1 个思维就是用户思维,这足以说明用户思维的重要性。按照使用与满足理论,用户使用媒体就是要满足其需求。

短视频作为用户喜闻乐见的内容形态,成为满足用户的内容需求和提高用户对内容的满意度的重要抓手。

以新湖南客户端为例,湖南日报社鼓励全员做视频,即报社记者所有原创自采稿件,除去具有一定思想性的稿件外,一律必须配视频;此外做到全程视频,记者不仅要会拍摄视频,还要需要掌握长视频拆分技能,学会适应各种平台的传播特点,以各种形态分发稿件,会设置话题,做辐射式、延伸式报道;为增强新湖南的视频原创力,湖南日报社派驻记者去视频生产能力较强的同行媒体"川观新闻"学习锻炼一个月。

二、做好内容创新,实现差异化发展

多平台、多账号的内容运营常常造成"人手少、时间紧、任务重"的局面,为保证日常及时的更新,运营人员往往扮演"内容搬运工"角色,进行大量的转发和转载。主流媒体应发挥内容资源优势,持续输出个性化、差异化的融媒体作品。

商业平台往往优先做聚合内容,传统媒体却能够生产、发布大量原创独家新闻,可以在原创内容品质化上寻求突破。例如,各省级客户端可以政府工作为依托,开设政务号、系统号,加上各自在传统媒体时代深耕多年的垂直类内容板块,都可以在为新平台生产优质内容的同时,发挥持续引流的作用,关键是账号不能一开了之,而要持续做好内容生产、运营,满足读者的多元需求。2021年,"南方+"客户端发稿量超百万条,端内总流量11.2亿,全网总流量94亿,既聚合了内容,也聚合了用户。另外,对于省级新闻客户端而言,省市县三级新媒体无论在融合发展的方向和目标受众上,还是在内容生产、运营模式等具体打法上,都有着天然的相似性和关联度。在这一前提下,依托新媒体云联结成强大的内容和资源战友,可形成"加盟我,反哺你"的良好局面。以新湖南客户端"新湖南云"为例,2021年联动策划生产300多件重大主题融媒体产品,通过"融媒App推荐"板块,集中展示69个县级客户端,并通过位置识别引流用户精准下载,累计为县级客户端新增用户近400万。

三、提供综合服务，与用户建立强关联

依托主流媒体自主可控平台，与用户形成强关联和强互动，为用户提供政务服务、商业服务、公共服务等全面综合服务，让用户享受高效、快捷、方便的服务功能，实现"一站式"办理和"一次性"解决。

浙江湖州市融媒改革后，打造了区域性枢纽型媒体"南太湖号"，以本地用户为核心，以技术能力为支撑，以移动开放平台为载体，上线智慧城市服务，走出了一条以用户为核心的探索之路。首先便是自建支付体系，破解平台资源聚合的关键难点，以支付功能切入商务服务，开设自营线上商城，上线助农助企等应用，试水团购等功能，以支付为核心，串起本地商业服务全链条，通过南太湖号支付的消费流水已经突破 100 万。其次是以媒体＋服务，做城市服务的总入口。"南太湖号"与水务集团、燃气公司合作，上线水费缴纳、燃气充值服务；与体育局合作，实现全市体育场馆预订、购票、支付功能；与省教育信息中心合作，升级"金色年华 2.0"，打造在线云学习场景。最后是以民声为导向，做政府治理最强外脑。"南太湖号"以"听群众呼声、解百姓难题"为出发点，与党委政府合力打造了"看见"平台，"看见"运行一年，共办结民生问题 1 万余件，累计 6000 多万人次参与互动交流。

第七节　培养全媒体人才，探索灵活自主的管理模式

媒体融合人才是关键，要破除人才流失的困局，就必须"大刀阔斧"力行改革，实现媒体融合后关键的体制机制突破，畅通人才培育晋升的透明渠道，让人才想留下来愿留下来，为打造有影响力的全国头部新媒体铺就人才基础。

一、真正实现全面媒体融合，不能纸媒和新媒体"两张皮"

以湖南日报社新湖南客户端为例，经过 2021 年新一轮媒体深度融合改革，《湖南日报》与新湖南客户端"融为一体、合而为一"，由中心制变频道制，统一设立全媒体编委会，全流程指挥调度全社内容生产，实现一体化内容生

产，一盘棋策划联动，逐步构建起"一报两端、一网多号"的全媒体传播体系。在人员考核上，出台全媒体考核考评办法、全媒体稿件评分办法等一系列制度文件，稿件除基本稿分和专家考评分之外，增加传播分考核，内容由客户端首发、朝视频化方向发展，推动采编力量全面向新媒体转型、往新湖南客户端集聚。在这样的融合改革之下，新湖南客户端总发稿量、总点击量、视频产量、原创稿件数量等出现几何式增长。

二、彻底打破薪酬体系、激励机制等方面存在的政策壁垒，出台行之有效、循序渐进的改革措施

消除编内、编外人员的身份地位差异非一夕之工，可尝试先从考核指挥棒上做文章，对报社、网站、新闻客户端等实际运作情况进行摸底分析、研究统筹，并广泛征集、考虑各层级的员工意见，结合媒体机构自身发展环境和成长方向，研究出台统一的考核考评办法，努力实现编内编外人员同工同酬，只明确职务，不明确职级，畅通全体采编人员在各部门的流动和晋升渠道，不再设置各种聘用限制，真正做到任人唯贤、任人唯才，让人才要素的充分融通激活干事创业一池春水。

三、探索更加灵活自主的分配方式，激发人才队伍干事创业积极性

以人民网新媒体中心为例，通过包含 1000 万的创投基金的《人民网融媒体精品工程项目支持计划》，支持各工作室的"创业"计划，给予真金白银支持"孵化"大 IP、大网红乃至能够获得中国新闻奖的重磅产品。在《支持计划》之下，人民网新媒体中心优秀原创内容策划"出货量"大了，"爆款量"多了，编辑记者干劲儿也更足了。此外，人民网新媒体中心在居住、工作、生活等各方面，也为员工提供尽可能多的便利和福利。通过各种激励和保障措施，人民网新媒体中心成功稳定了一批业务成熟、工作高效、具有多方面能力的骨干融媒体采编人员。

四、探索建立适应全媒体发展的人员管理制度

通过工作制度、考勤制度、评优评先制度、人才培育制度等一系列规章改革，为人才干事创业打造更人性化的工作环境，营造更有爱的工作氛围，稳固各类人才在各自岗位"打持久战"的信心和决心。例如，人民网新媒体中心实行内容策划项目制人员管理,启动融媒体工作室机制,对内加强推荐、交流,对外坚持融合、合作;新湖南客户端启动实施"登峰计划",通过学用结合、学以致用,分级分类开展采编人员教育培训,打造一批适应高质量发展需要的人才队伍。

第八节　打通最后一公里,形成社会治理深度格局

媒体融合的原本逻辑是以媒介的连接性为基础逻辑的跨行业"宽融合"。因此,要做大做强主流舆论,打通面向受众传播的最后一公里,真正培育出互联网时代具有强大影响力的主流头部新媒体,就必须坚持走"大融合"之路,主流媒体要成为主流舆论主阵地、综合服务的大平台、社区信息的大枢纽,深度参与基层社会治理,以数字化推进"新闻＋政务＋服务＋商务",与社会各类公共资源深度融合,构建群众离不开的传播渠道,把思想引领融入人们的日常生产生活。

一、要找准传统主流媒体自身优势,善于整合资源,集中力量做大做强主流声音

首先,要立足党媒优势实施政策驱动。主流新媒体应积极融入政府部门工作,增强融合传播深度,突出党媒的主责主业,充分发挥占据信息(内容)这个最大流量入口的优势。通过整合党政部门信息数据资源,参与智慧城市、未来社区、电子政务等建设,媒体能够为社会治理提供支持。比如新冠疫情期间,浙江省各级媒体客户端开设"战疫求助平台",帮助涉疫地区群众解决"急难愁盼",收获群众点赞的同时,客户端日活数也迅猛上涨;又如温岭"掌上温岭"客户端,开设《村社传播通》应用,以村社为单位,搭建感知决策、精准传播、民意反馈、治理提升四大场景,实现信息高效共享、精准触达;湖北宜昌市智慧党建云平台实现全市1万多个基层党组织、近30万党员信息全覆盖,媒体搭建运维线上智慧党建平台＋线下培训指挥中心;2020

年,三峡融媒体中心与商务部门联合建设宜昌市民 e 家生活服务平台,助力全市农产品品牌孵化成长,平台入驻产品 452 种,成为党媒运用互联网技术参与脱贫攻坚、乡村振兴的成功实践。

二、要从重视大众传播向大众传播和社交传播并重转型

基于社交属性的商业性媒体爆发式的增长,时刻提醒着传统主流媒体不能忽视内容传播链条中至关重要的社交传播。传统媒体要善于"借船出海",在信息化"万物皆媒"的条件下,不仅要善于打造新闻客户端这样的自主可控的传播渠道,更要善于抢占所有的平台渠道,通过在第三方平台开号引流入户,最终建构起信息传播和舆论引导的主导权,不断传递主流价值、做强主流舆论。例如,中国日报新媒体全面布局海内外移动平台,特别是注重全面增强在海外社交媒体平台的影响力,充分利用自身特色资源和外语传播优势,做好海外传播报道;人民网新媒体、新湖南客户端等均把社交媒体平台作为一个单独的工作部门和新闻客户端工作区分开,体现出对社交媒体平台的高度重视,新湖南客户端更是社交媒体运营权划入品牌推广中心,与《新湖南》编辑中心并列,通过与对外合作业务的深度整合,充分发挥社交媒体强大的传播效益。

三、要走数字化转型之路,增强技术优势,深度参与本地智慧城市建设

苏州张家港市融媒体中心深度扎根当地智慧城市服务设施建设,政务公共服务接入张家港市行政审批局,打破了党媒平台与政府部门之间的办事渠道的壁垒;扎口全市信息化项目的审核,制定建设标准,将原本"分散"的服务功能、数据信息统一接入大数据管理局……"今日张家港"App 功能模块数多达 90 个,涵盖 1562 项政务服务、公共服务、媒体服务、增值服务等功能,与当地群众生活建立不可替代的强关联性,App 下载量突破 88 万,占全市常住人口的三分之二,全端总浏览量超 1 亿人次。

此外,张家港市融媒体中心在终端技术研发上不断发力,自主研发上线了 3000 万元张家港消费券小程序,帮助群众排忧解难、推动政府科学决策,共受理诉求 8 万余件,办结率 99%;研发"来港申报查报""场所码"等高频特色服务 12 项,用户日活超 10 万;因时因势推出"发热诊疗地图""儿科门诊就诊导图"等应用,推出"新生入学登记""中考高考成绩查询"等系统,用户日活最高超 20 万。探索"县级融媒 + 头部电商"新模式,建成全国第一个县级融媒体中心·京东直播基地——张家港融媒体中心·京东直播基地。

四、要善于打造特色传播 IP,垂直渗透到其他行业、其他领域

中国日报新媒体围绕主题主线,策划推出一系列思路新颖,具有创新性,贴近年轻受众的融媒体产品栏目,在核心报道、国际财经、文化传播等方面打造一批具有鲜明特色的网红 IP。如核心报道类栏目《暖风习习》《领航工程》;文化类如双语原创谈话类视频节目《围炉漫话》,文化体验类全媒体栏目《开箱中国》,人格化的平视视角的《小彭 Vlog》;此外还有中国日报直播、以条漫为特色的名专栏《图图是道》、首位数字员工"元曦"等。很多品牌栏目和作品斩获中国新闻奖、人大新闻奖等。新华社客户端新媒体中心围绕中心,推出了一系列浓墨重彩、温暖热烈的"IP 化"融媒体产品,以 IP 带报道,选取具有合作资源优势的领域或主题,建立一批融媒体产品 IP。如聚焦文物保护主题,打造国宝系列新闻 IP;聚焦农业经济乡村振兴,推出《宝藏田野》栏目;聚焦大国科技,持续做好航天领域深度合作报道等,以主流价值引领多样舆论。

此外,部分主流媒体发力打造个人传播 IP,并以此扎入各行各业的细分传播领域,取得了显著成效。例如,中国日报新媒体社交媒体团队仅有 50 人,却大都是具有采、写、编、剪、画等多种技能的复合型人才。在人才培养上,致力打造员工个人 IP。旗下多个大流量网红账号提供差异化风格,全方位多角度传递主流声音,如培育明星出镜记者彭译萱,打造《小彭 Vlog》《做一天朋友》等品牌栏目,通过个人流量效应,带动整体内容传播和品牌塑造。湖南日报社创设融媒激励机制,安排 500 万元设立扶持机制,实施"新星计划",将触角下沉至各个垂直细分领域,为融媒创新者提供资金、技术、平台支持,对有新媒体"颜值"和"气质"的编辑记者实行一人一策、因人施策,打造具有高辨识度的个人 IP、垂直账号,让这些员工深耕各自擅长的领域,与产业密切结合,比如汽车,旅游,教育,理财,美妆等等,以个人 IP 的流量效应反哺新媒体平台建设。

第九章

主流媒体讲好中国故事

　　媒体融合就是要把主流媒体做大做强,提高主流媒体的国际传播能力和影响力,壮大主流舆论,掌握国内事务乃至国际事务的话语权,敢于表明立场,善于表达观点,改变中国在国际舆论场"失声""失语"的状况。就中国式现代化这一话语而言,最有话语权的是中国共产党,而党领导下的主流媒体有责任讲好中国式现代化故事,传播中国式现代化好声音,回应西方国家对中国式现代化的质疑,澄清西方国家对中国式现代化的歪曲。通过媒体融合建构并掌握中国式现代化的话语权,才能言之有力,为中国式现代化建设创造良好的国际舆论环境。

第一节　讲好中国式现代化故事

　　尽管中国式现代化建设已经取得很大的成就,但是中国式现代化话语体系的建构和传播却相对滞后,中国"有理说不出,说了传不开"的尴尬局面依然存在。通过媒体融合,建构全媒体传播体系,建设新型主流媒体,讲好中国式现代化故事,使中国式现代化言之有理;传播好中国式现代化声音,使中国式现代化言之有声;掌握中国式现代化话语权,使中国式现代化言之有力。

一、言之有理:讲好中国式现代化故事

当下,讲好中国故事的重点就是要讲好中国式现代化故事,中国式现代化故事内容丰富,包括历史进程、现实成就、文明贡献、世界意义等,讲清讲透容易,讲好却非常困难。媒体作为中国式现代化故事的主要讲述者,必须做好内容建设和议题设置,用故事性的叙述诠释宏大主题,晓之以事理,动之以情感,赢得认知、理解和认同。

小故事大主题已经成为媒体报道的主流选择。诸如中央广播电视总台推出的《解码十年》等栏目,这些报道以海量数据为内容来源基础,以共情为沟通受众的主要手段,以基层干部、群众的第一人称视角介绍各自家乡在易地扶贫搬迁前后的沧桑巨变,其中无不体现出象征中国式现代化的暖人心的故事。

小故事大道理也是当前媒体在凝聚社会共识方面所采取的措施。传统的说教方式已不适应现在的传受关系,只有用鲜活的故事、贴切的案例才能引导受众领悟出其蕴含的道理。新华社推出的《以"理"服人:十年的十个"为什么"》用新冠疫情防控、乡村振兴、美丽中国、一带一路等耳熟能详的故事为支撑,讲清了社会主义制度的优越性,讲透了人类命运共同体、绿水青山就是金山银山等习近平新时代中国特色社会主义思想,对故事的真实性、案例的匹配度自然也就增强了说理的有效性,使广大受众"知其言更知其义,知其然更知其所以然"。

二、言之有声:传播好中国式现代化声音

习近平总书记指出,"我们在国际上有理说不清的一个重要原因,是我们的对外传播话语体系没有完全建立起来。"[①]媒体不仅是讲好中国式现代化故事的重要主体,而且是传播好中国式现代化声音的重要渠道。中国式媒体融合就是要整合各类媒体资源,建构全媒体传播矩阵、体系和格局,壮

---

① 高连忠.讲好中国故事 关键在于增强文化自信[J].中国广播电视学刊,2018(10):91-93.

大主流舆论阵地,充分发挥媒体的传播效能,将中国式现代化的故事和声音广为传播,让世界知道、理解、认同中国式现代化。因此,既要统筹处理好传统媒体和新兴媒体、中央媒体和地方媒体、主流媒体和商业平台、国内媒体和海外媒体的关系,纵向贯通"中央级－省级－地市级－县级"四级媒体,横向突破网上网下以及内宣外宣二元结构,形成资源集约、结构合理、差异发展、协同高效的全媒体传播体系和全媒体传播格局,又要建设有竞争力和影响力的新型主流媒体,率先占领对内传播和对外传播的制高点,对内对外传播中国式现代化的好声音。尤其是在对外传播方面,一是主流媒体通过自有外宣渠道进行对外传播,例如《中国日报》(海外版);二是以平台海外版为抓手进行传播,例如 TikTok;三是入驻海外社交媒体平台进行对外传播,例如 Facebook、Twitter、YouTube。

三、言之有力:掌握中国式现代化话语权

从福柯的角度来审视话语,话语从来就不是一个温和的言语,而是权力的堆砌和权力的操纵,所以话语是权力的具体表达。所谓话语权指的是人们在某一话题上发表言论观点的资格和权力,话语权掌握在谁的手中,谁就能将自己的利益和意志表达出来,也就拥有影响别人的权力。媒体是话语的载体,媒体的传播力、影响力、引导力和公信力是话语权的保障,因此,中国式媒体融合的目的就是要掌握话语权,为中国式现代化发声。

在国际舆论场上,呈现出"西强我弱"的话语态势和舆论格局,西方国家的媒体帝国主义凭借强大的媒体资源和传播优势,在信息传播不平等的秩序格局中牢牢掌握着国际舆论传播和意识形态的主导权,极力宣传推销西方式现代化的普世价值。而中国式现代化这一话语一经提出,便遭到西方国家极力抹黑和歪曲,西方国家在"中国阴谋论""中国威胁论"的基础上炮制"中国新殖民主义论""中国新帝国主义论",加深了国际社会对中国式现代化的误解。中国式现代化建设已经在世界范围内产生了实质性影响,但是如何在软实力方面,即话语权方面形成有针对性的表达还有所欠缺,话语所依附的物质层面已经具备一定实力,但话语的影响力并不能很好地反映当前中国式现代化的具体成就。主流媒体如果不积极谋求中国式现代化的

国际话语权,打破西方现代化话语体系的污名化、专断现象,中国式现代化建设将受到严重的影响。

第二节　讲好党和国家的故事

中国共产党第二十次全国代表大会于 2022 年 10 月 16 日在北京隆重开幕,这是党和国家政治生活中的一件大事,引起举国关注和世界瞩目。主流媒体高度重视迎接宣传贯彻党的二十大工作,提前谋划,认真筹备,用心用情用责创作了一批现象级的融创精品。从 2022 年 10 月 11 日开始,党的二十大新闻中心微信公众号连续展播党的二十大报道融创精品,旨在展示新闻媒体融合报道的创新成果,推广媒体融合发展的成功经验,为迎接党的二十大营造良好氛围。

笔者以党的二十大新闻中心微信公众号展播的融创精品为研究对象,从中挑选 17 个融创精品展开分析研究,从而掌握主流媒体在党的二十大报道中的创新实践及发展趋势,以期为主流媒体如何讲好党和国家的故事提供参考。

一、融创精品的总体分析

党的二十大新闻中心微信公众号从 2022 年 10 月 11 日开始到 2022 年 10 月 15 日为止共展播"领航""非凡十年""我为党的二十大建言献策""中国画卷""奋进新征程 建功新时代"五个主题系列,集纳 26 个融创精品。人民日报社、新华社、中央广播电视总台三家中央级主流媒体创作的融创精品总数达到 17 个,其中,人民日报社创作的融创精品有 6 个,新华社创作的融创精品有 6 个,中央广播电视总台创作的融创精品有 5 个。由于这 17 个融创精品占据较大的比重,具有较好的代表性,所以把它们作为本次研究的样本。

表9-1　党的二十大报道17个融创精品

主题	作品	媒体
领航	《跟着总书记看中国》	人民日报社
	《近镜头·温暖的瞬间》	新华社
	《领航》	中央广播电视总台
非凡十年	《百秒说·非凡十年》	人民日报社
	《以"理"服人：十年的十个"为什么"》	新华社
	《解码十年》	中央广播电视总台
我为党的二十大建言献策	《我为党的二十大建言献策》	人民日报社
	《建言二十大　建功新时代》	新华社
	《我为党的二十大建言献策》	中央广播电视总台
中国新画卷	《中国种·中国心》	人民日报社
	《新时代之声》	新华社
	《丹心如画》	中央广播电视总台
奋进新征程建功新时代	《我们这十年·坐标中国》	人民日报社
	《回声》	人民日报社
	《VR全景看新时代之美》	新华社
	《道·路》	新华社
	《惊艳了！中国一县》	中央广播电视总台

从这17个融创精品来看，主题鲜明，精彩纷呈，充分体现"内容＋创意＋技术＋艺术＋形式"的深度融合创新。在内容上，作品聚焦"迎接党的二十大"这一重大主题，展示党的十八大以来中国十年的辉煌成就和社会变革，描述迈进新时代，走向新的百年征程的蓝图。在创意上，作品较少采用以往的宏大叙事，更多的是以人物讲故事的叙述方式从小切口表现大主题。在技术上，VR、XR、CG、SVG等先进技术应用到作品当中，为作品创作赋能加持，给用户带来沉浸式体验感。在艺术上，这些作品充分运用国风文化和

中国元素,将中国大好河山景观绘成画卷,给用户带来美学享受。在形式上,以系列短视频和微纪录片为主要形态进行立体化呈现,迎合用户碎片化时间的阅读观看习惯。

二、融创精品的创作分析

(一)提倡轻量化创作理念,实现时政报道的轻传播

在网络新媒体时代,受众接触海量信息的同时也在消费着个人、法人等自媒体、商业媒体提供的风格、形式完全不同以往的新闻产品。于是,"轻量化"便成为当下包括主流媒体在内的各类媒体信息生产和传播的新兴理念。信息传播的轻量化现象,主要是信息传达更加直观简明,信息作品的篇幅更加短小,语态更加亲和贴心,叙述方式更加故事化,具体而言就是情感心理上的轻量化和篇幅与时长的轻量化[①]。轻量化的概念源自汽车工业技术的设计优化研究,其核心目的是追求效率与效能的平衡。对于新闻传播行业特别是主流媒体而言,就是要从新闻作品的创作理念、主题内容的策划创意、呈现形式的选择进行优化调整以改变传统新闻报道"四力"衰减的状况。

在媒体深度融合的语境下,时政报道特别是重大时政报道更应充分掌握当前受众信息接触习惯的变化,既要针对受众在信息接触场景的碎片化、伴随化、交互性的特点,也要充分把握当前信息传播全程化、全息化的发展特征,避免久受诟病的"板着面孔说教""高大全"等传统媒体的弊端,以作品规格上的"短平快"、叙述视角的"微窄小"求得传播效果的"真善美"。这些特征在展播的融创精品中很好地得到体现。如人民日报社推出的《百秒说·非凡十年》,就是以各领域记者的视角用"快、准、新"的评述在 100 秒内生动展示中国十年来取得的历史成就和发生的历史变革。再如《跟着总书记看中国》则以习近平总书记十年来的考察足迹为线索,用系列短视频的方式分多个专题展示国家在各行业的发展,特别是在"千家万户的事"这一专题中,以习近平总书记新年贺词等同期声串起了大国领袖在考察调研中与百姓的故事。而中央广播电视总台推出的《惊艳了! 中国一县》则以当前流行的说唱形式

---

① 马梅. 移动互联环境下信息传播的轻量化策略[J]. 东南传播,2018(9):12 - 14.

将极富特色的县名串联,朗朗上口的歌词展示了当地特色的物产、风景、产业,讴歌党的十八大以来中国县城的发展成绩,极具传播力。人民日报社推出的《中国种·中国心》用短视频和短小精悍的版面文章讲述 5 位农业科学家为攥紧中国种子,端稳中国饭碗付出的心血,很好地显示出报纸版面与短视频同频共振的效果。

(二)转变叙事方式,讲好党和国家的故事

文化从来就不是哲学性的,文化其实是讲故事。观念性的东西能取得的效果是很弱的,而文化中的叙事却具有很重要的作用和影响。主流媒体在新闻报道中必须注重新闻叙事的艺术性,用故事性的叙述诠释宏大主题,以温馨的人情味、情节的冲突性等引人入胜。新闻叙事的故事化是在坚持新闻真实性原则的前提下,将文学创作的常用手法运用到新闻报道中,以故事化的叙述方式来呈现新闻。

以往由于对新闻真实性原则的强调,新闻叙事往往显得简单化,新闻报道特别是消息等体裁形成了严重的程式化,从而影响传播效果。就时政报道而言,由于题材的重大性、政策的严肃性等使得新闻工作者在此类报道中小心翼翼,开拓创新不足。在媒体深度融合的语境下,主流媒体如何讲好党和国家的故事,传播好党和国家的声音,成为专家学者研究的热点。

为了让重大精神和重大理论入眼入脑入心,主流媒体应转变叙事方式,将宏大叙事转变为微小叙事,将严肃说教转变为共情叙事,将自我陈述转变为他者叙事。研究发现,主流媒体推出的党的二十大报道融媒体产品在叙事方式上开始出现这样的转变,深受用户的喜爱。

1. 微小叙事

在微小叙事方面,必须处理好大与小的关系,大处着眼,小处着手,以小见大,以小切口反映大主题,以小故事带出大道理。

小故事大主题已经成为媒体报道的主流选择。在迎接党的二十大系列报道中,以平凡的小故事为切口还原十年来国家发展的大变化能够达到更好的传播效果。新华社推出的《近镜头·温暖的瞬间》以习近平总书记考察调研中的某个瞬间的照片海报,配合音频还原总书记在考察中与干部群众的动人故事,既展示出大国领袖的爱民情怀,也勾连起十年来中国发展的巨大变化。中央广播电视总台《新闻联播》推出的《解码十年》从数万亿级的大数据中,解读十年巨变的"中国密码",展现指引新时代砥砺前行的精神力量。虽然这些报道用的是海量数据,但讲的却是最暖人心的故事,以基层干部、群众的第一人称视角介绍各自家乡在易地扶贫搬迁前后的沧桑巨变。这种以小见大的讲故事方式在很多作品中都有体现。系列短视频《百秒说·非凡十年》中各领域记者通过一幅幅生动的画面和一个个鲜活的数据,讲述党的十八大以来取得的巨大成就,就产生了"四两拨千斤"的传播效果。

2. 共情叙事

在共情叙事方面,必须处理好理与情的关系,情理交融,以情动人,通人情,讲人话,让用户觉得亲切和贴心。

小故事深情感是媒体在新闻报道中实现与用户共情叙事的重要手段。在党的二十大召开前夕推出集中报道是为了营造喜迎盛会的热烈氛围,只有以人民群众十年来对中国发展变化亲身经历的故事、对美好生活亲身感受的热情才能把全党全社会的精气神进一步振奋起来,无论是光明日报社推出的《非凡十年 非凡成就》栏目,还是人民日报社推出的《回声》栏目,都是在具体的温馨故事中表达出这样的情愫。人民群众对十年极不平凡发展的见证故事饱含的是人民对国家富强的喜悦之情,表达的是人民对大国领袖的衷心拥戴之情,显示的是人民对未来美好生活的向往之情,在一个个具体叙述的真实故事中做到"把庆祝建党百年激发的爱党爱国爱社会主义热情传递下去,把全党全社会的精气神进一步振奋起来"。视频《跟着总书记看中国 千家万户的事》跟随习近平总书记十年来考察调研的足迹,讲述国家领导人走进千家万户关心人民生活的故事,习近平总书记平易近人、声情并茂的话语彰显了大国领袖的家国情怀,也表达了党和人民之间的鱼水之情。

3. 他者叙事

在他者叙事方面,必须处理好"我"与"他"的关系,以他者的角度,讲述中国的故事,在国内传播和国际传播都会引起巨大的反响。微视频《回声》通过采访国外嘉宾,以国际友人的视角,呈现中国外交故事,传播了中国声音。

(三)打造多样化产品形态,带来多维感官的极致体验

传统单一的形态已无法满足全媒体时代信息传播的要求,必须通过图文、音频、视频、H5、直播访谈、虚拟现实等多种形态立体化呈现信息,强调信息呈现形式的丰富多样性,把内容优势转化为传播优势。创新的发力点体现在多形态的融合创新和新形态的延伸拓展上。

1. 全新形态立体呈现

(1)多形态的融合创新

创意就是旧元素的新组合,这种法则不仅在广告创意领域适用,在新闻生产领域也同样适用。多形态的融合创新就是将两种以上的形态集纳在一个作品里边,融为一体,合而为一。新华社推出的《近镜头·温暖的瞬间》是多形态融合创新的典型案例,用"特写照片 + 创意海报 + 音频短剧"形式,记录习近平治国理政的温暖瞬间,用声音讲述 70 张照片背后的温暖故事。多形态的融合创新可以是图片和音频的组合,做成声音海报;可以是音频和视频的组合,做成创意音视频;可以是 H5 和音频、视频的组合,做成集纳式 H5。

(2)新形态的延伸拓展

新技术的发明应用推动着信息传播的迭代升级,刷新信息呈现的形态,使得新形态不断延伸拓展。H5 至今已觉不新鲜,而虚拟现实、增强现实、扩展现实、全息影像等新形态方兴未艾。新华社推出的《高精度复刻 ┃ VR 全景看新时代之美》对"超级工程"场景高精度建模复刻,通过 VR 全景让受众在家就可以欣赏新时代的美丽景观。此外,主流媒体也开始引入 AIGC 即人工智能生产内容,AI 写作、AI 主播、AI 绘画等新形态逐渐进入人们的视野。

2. 多维感官极致体验

融媒体精品以全新形态立体呈现给受众可视、可听、可感的多维感官体验。从这些融创精品来看,作品创作中越来越多地融入感觉元素,诉诸受众的多维度感官,追求感官的愉悦享受和极致体验。

视听是我们感知和理解世界的主要方式,以视觉为主导的可视化作品

必须出彩才能吸睛引流。人民日报社推出的《中国种·中国心》使用微缩摄影和 SVG 展示技术，描绘出一幅美丽画卷。中央广播电视总台推出的《解码十年》运用卫星遥感、地理信息还原、航空测绘、倾斜摄影和三维建模等技术，造就了"扶摇天地一镜开，山河巨变入画来"的诗画美景，极富视觉冲击力，让人耳目一新。视觉在接受信息时起主要作用，也容易产生审美疲劳，因此，创新性声音产品成为新突破口。新华社推出的《新时代之声》以声音为主导，独特地选取经济、文化、科技等领域的声音，将这些声音融合成一首"新时代协奏曲"，同时搭配相应的画面，传播中国好声音。中央广播电视总台推出的《丰收曲》也有异曲同工之妙，将麦子收获的进度对应音乐的音量表，用麦收数据谱写演奏成一首《丰收曲》。

视听传播时代"可视""可听"已是新常态，创新的发力点还体现在"可感"上，未来影像给人带来沉浸式体验感。① 新华社推出的《高精度复刻｜VR 全景看新时代之美》运用场景高精度建模复刻，通过沉浸式全景漫游技术让网友在家就可以如临其境。《新时代之声》在 B 站传播中首次使用了"震感技术"，手机会跟随片中音乐的节奏震动，让受众体验"可视、可听、可感"的全新视频形式。

（四）建立和谐化的传受关系，吸引人民群众的广泛参与

新闻传播主体和接受主体的历史关系演变经历了"传受不分的混沌关系""传受分离的对立关系""传受合一的一体关系"三个阶段②。随着媒体深度融合时代的到来，不同传播主体大量进入新闻产品的制作赛道，原本由主流媒体所主导的信息生产与传播格局受到冲击，基于移动传播的信息传受也早就迥异于以往你印我读、你播我听、你放我看的状态，传者和受众之间的界限已经变得模糊不清甚至消失。在当前"传受合一"阶段，传者要放低姿态，加强与受众对话和沟通，要尊重受众的兴趣和意愿，建立和谐的传受关系。

---

① 参见段鹏. 智能媒体语境下的未来影像：概念、现状与前景[J]. 中国传媒大学学报，2018（10）：1-6.

② 参见杨保军. 论传播主体与接受主体的关系[J]. 国际新闻界，2003（6）：44-48.

　　一个融创精品能够成为爆款和现象级产品,一定程度上要归功于受众的点击阅读、播放观看和转发分享,二次传播会产生滚雪球式的裂变效果。

　　建立和谐的传受关系,要反客为主,让受众成为传播报道的主体。在这些融创精品中,主流媒体往往把人民群众作为报道的"主角",把镜头更多对准的是基层干部群众,报道对象更加强调广泛的代表性和基层性,以人民为中心,以人民群众的第一视角让人民群众发声,讲述亲身经历的发展变化和亲身体验的美好生活。

　　建立和谐的传受关系,要强化上下沟通,畅通受众反馈渠道。人民网首次开展的《我为党的二十大建言献策》面向人民群众征集意见建议,鼓励UGC即用户生产内容,各主流媒体从中选取优质意见建议,以建言选登、专题稿件、海报、视频等形式进行传播,吸引了人民群众的广泛参与,各平台页面阅读量达6.6亿次,共收到854.2万多条意见建议。

参考文献

[1]习近平.中国式现代化是中国共产党领导的社会主义现代化[J].求是,2023(11):1-5.

[2]习近平.在党的新闻舆论工作座谈会上的讲话[EB/OL].(2016-02-19)[2023-07-25].http://www.xinhuanet.com/politics/2016-02/19/c_1118102868.htm.

[3]方兴东,顾烨烨,钟祥铭.中国媒体融合30年研究[J].新闻大学,2023(01):87-100+122.

[4]方兴东,钟祥铭.中国媒体融合的本质、使命与道路选择[J].现代出版,2020(04):41-47.

[5]曾祥敏,杨丽萍.我国媒体融合发展的十大创新探索[J].传媒,2023(02):28-31.

[6]王凤翔.服务中国式现代化——中国自主新闻传播学知识体系建设的历史使命[J].新闻与传播研究,2022(12):5-13+126.

[7]张垒,王妍.中国式现代化视阈下的媒体融合发展:独特道路何以可能[J].全球传媒学刊,2023(02):17-30.

[8]习近平.在学习贯彻党的二十大精神研讨班开班式上重要讲话[EB/OL].(2023-02-07)[2023-07-25].https://www.gov.cn/xinwen/

2023 - 02/07/content_5740520. htm.

[9]习近平. 在 2013 年全国宣传思想工作会议上的讲话[EB/OL].
(2013 - 08 - 19)[2023 - 07 - 25]. http://cpc. people. com. cn/n/2014/0808/
c164113 - 25428563. html.

[10]宫承波,孙宇.习近平总书记关于媒体融合重要论述的演进脉络及
目标指向[J].中国出版,2021(03):5 - 10.

[11]习近平. 在中共十九届中央政治局第十二次集体学习会上的讲话
[EB/OL]. (2019 - 01 - 25)[2023 - 07 - 25]. https://www. gov. cn/xinwen/
2019 - 01/25/content_5361197. htm.

[12]陈昌凤,杨依军.意识形态安全与党管媒体原则——中国媒体融合
政策之形成与体系建构[J].现代传播,2015(11):26 - 23.

[13]李景鹏.关于推进国家治理体系和治理能力现代化——"四个现代
化"之后的第五个"现代化"[J].天津社会科学,2014(02):57 - 62.

[14]郭小安,赵海明.媒介化治理:概念辨析、价值重塑与前景展望[J].
西北师大学报(社会科学版),2023(01):59 - 67.

[15]高慧军.全媒体在国家治理中的价值及其实现机制[J].中国行政
管理,2020(12):97 - 103 + 137.

[16]习近平.高举中国特色社会主义伟大旗帜 为全面建设社会主义现
代化国家而团结奋斗——在中国共产党第二十次全国代表大会上的报告
[EB/OL]. (2022 - 10 - 25)[2023 - 05 - 25]. https://www. gov. cn/zhuanti/
zggcddescqgdbdh/sybgqw. htm.

[17]周胜林.论主流媒体[J].新闻界,2001(6):11 - 12.

[18]刘建明.解读主流媒体[J].新闻与写作,2004(4):3 - 5.

[19]齐爱军.什么是主流媒体[J].现代传播,2011(2):50 - 53.

[20]"舆论引导有效性和影响力研究"课题组.主流媒体判断标准和基
本评价[J].中国记者,2004(1):10 - 11.

[21]中国互联网络信息中心.第 34 次《中国互联网络发展状况统计报
告》[EB/OL]. (2014 - 07 - 21)[2023 - 12 - 15]. https://www. cnnic. cn/n4/

2022/0401/c143 - 4936. html.

[22]中国互联网络信息中心. 第 52 次《中国互联网络发展状况统计报告》[EB/OL]. (2023 - 08 - 28)[2023 - 12 - 15]. https://www. cnnic. net. cn/n4/2023/0828/c88 - 10829. html.

[23]人民网. 积极探索传统媒体与新兴媒体融合发展[EB/OL]. (2023 - 10 - 23)[2023 - 12 - 16]. https://baijiahao. baidu. com/s? id = 1780507481444046171&wfr = spider&for = pc.

[24]人民网. 推动传统媒体和新兴媒体融合发展指导意见审议通过[EB/OL]. (2014 - 08 - 21)[2023 - 12 - 16]. http://culture. people. com. cn/n/2014/0821/c172318 - 25511854. html.

[25]中国共产党新闻网. 习近平谈媒体融合发展:关键在融为一体、合而为一[EB/OL]. (2018 - 08 - 22)[2023 - 12 - 16]. http://cpc. people. com. cn/n1/2018/0822/c164113 - 30242991. html.

[26]中国政府网. 习近平:加快推动媒体融合发展 构建全媒体传播格局[EB/OL]. (2019 - 03 - 15)[2023 - 12 - 17]. https://www. gov. cn/xinwen/2019 - 03/15/content_5374027. htm.

[27]中华人民共和国国家互联网信息办公室. 以先进技术为支撑 推动媒体融合向纵深发展[EB/OL]. (2020 - 07 - 20)[2023 - 12 - 17]. https://www. cac. gov. cn/2020 - 07/20/c_1598622207325131. htm.

[28]李黎丹. 中国主流媒体融合发展逻辑探析[J]. 廊坊师范学院学报(社会科学版),2023(2):5 - 14.

[29]窦锋昌,傅中行,李爱生. 中国媒体融合十年历程研究[J]. 青年记者, 2023(11):57 - 62.

[30]卞天歌,郭淑军. 媒体融合发展的三重逻辑与六维进路[J]. 中国出版,2023(11):30 - 34.

[31]顾烨烨,方兴东. 中国媒体融合 30 年:基于政策的视角[J]. 传媒观察, 2023(6):13 - 24.

[32]双传学. 建设现代新型主流媒体的思与行[J]. 青年记者,2023

(07):84－87.

　　[33]易欣.县级融媒体中心助推乡村振兴的路径研究[J].全媒体探索,2023(08):97－99.

　　[34]张坤.中国青年报:媒体融合纵深发展新定位[J].中国记者,2020(08):50－55.

　　[35]张晓红.党报10年融合发展的历史脉络与创新实践[J].传媒观察,2023(01):50－59.

　　[36]杨驰原.我国地市级媒体深度融合发展研究[J].传媒,2022(22):9－15.

　　[37]李扬.主流媒体打造自主可控平台创新之路[J].新闻战线,2023(18):51－57.

　　[38]胡劲军.构建全媒体传播体系 奋力打造国际一流新型主流媒体[J].传媒,2023(21):12－13.

　　[39]周文韬.5G背景下主流媒体融合转型的可能性分析[J].新闻战线,2019(03)66－68.

　　[40]莫高义.坚持守正创新,全力打造首都新型主流媒体[J].新闻战线,2023(05):4－8.

　　[41]杨海霞.建好融媒体云平台 重构媒体新生态[N].中国新闻出版广电报,2020－04－09(04).

　　[42]彭湘蓉.新兴青年群体的理论传播怎么做[J].理论导报,2022(08):30－31.

　　[43]练蒙蒙.以核心竞争力推动媒体深度融合发展[J].中国记者,2024(02):93－97.

　　[44]姜泽洵.坚持以党的政治建设统领党的建设各项工作[J].党建研究,2023(10):36－40.

　　[45]习近平.在党的新闻舆论工作座谈会上的讲话[EB/OL].(2016－02－19)[2023－07－25].http://www.xinhuanet.com/politics/2016－02/19/c_1118102868.htm.

[46]冯星星.媒体融合语境下的创新表达换个方式讲党史[J].新闻文化建设,2023(19):5-7.

[47]李明.提升宣传思想工作质量和水平[N].人民日报,2018-09-12(07).

[48]大江网.江西日报社会责任报告(2020年度)[EB/OL].(2021-06-15)[2023-08-25].https://tt.m.jxnews.com.cn/news/1320742.

[49]大江网.江西日报社会责任报告(2021年度)[EB/OL].(2022-04-20)[2023-08-25].https://tt.m.jxnews.com.cn/news/1561940.

[50]江西日报.江西日报社会责任报告(2022年度)[EB/OL].(2023-04-13)[2023-08-25].https://www.hubpd.com/#/detail?contentId=8358680908401651208.

[51]江西新闻网.江西日报社会责任报告(2023年度)[EB/OL].(2024-04-07)[2024-04-10].https://jiangxi.jxnews.com.cn/system/2024/04/07/020455830.shtml.

[52]鲁建军.省级党报融媒体中心运营策略研究[J].传媒论坛,2023(08):83-85+104.

[53]王晖.创新传播手段 打造舆论新平台——江西日报社以"赣鄱云"推进县级融媒体中心建设的探索与实践[J].新闻战线,2018(09)6-8.

[54]张天清.打造新技术平台 助力融媒体传播[J].中国记者,2022(09):29-34.

[55]王晖.笃守正道 以融制胜——江西日报社推进媒体深度融合的实践与思考[J].中国记者,2019(03):11-13.

[56]陈晖.1100万!江西新闻客户端下载量再创新高[N].江西日报,2021-05-26(02).

[57]张天清.智能数字化引领媒体融合驶入"快车道"[J].新闻战线,2023(23):9-11.

[58]新华社.中共中央办公厅 国务院办公厅印发《关于加快推进媒体深度融合发展的意见》[EB/OL].(2020-09-26)[2023-09-25].ht-

tps://www.cac.gov.cn/2020 - 09/26/c_1602682828352978.htm.

[59]王少君.敢为人先"破坚冰" 埋首深耕"试验田"——江西日报广告经营额首破亿元的"路径密码"[J].中国报业,2022(07):32 - 35.

[60]杨惠珍.树立精品意识 讲好江西故事——江西日报社九届十获中国新闻奖一等奖的启示[J].中国记者,2018(11):91 - 95.

[61]张雪.用凡人善举烛照人性光芒——江西日报运用新媒体塑造平民"网红"的实践与探索[J].新闻战线,2017(07):125 - 126.

[62]栾轶玫,徐雪莹.时政报道的"轻量化"传播——以央视《物印初心》为例[J].新闻爱好者,2020,(02):39 - 42.

[63]湖南日报.《我国媒体融合发展的十大创新探索》报告发布[EB/OL].(2022 - 08 - 31)[2023 - 09 - 20].https://baijiahao.baidu.com/s? id = 1742640205840738976&wfr = spider&for = pc.

[64]江南都市报.江西入选！媒体融合十年十大创新重磅发布[EB/OL].(2024 - 01 - 09)[2023 - 09 - 20].https://baijiahao.baidu.com/s? id = 1787621640101616165&wfr = spider&for = pc.

[65]王宣海.采编经营"两分开",术业专攻"两加强"——以江西日报社经营规范化为例[J].新闻战线,2022(10):107 - 109.

[66]徐晓梅.加快全媒体传播体系建设,做好新时代党的新闻舆论工作[J].新闻战线,2023(06):4 - 7.

[67]周煜媛,董华茜.曾祥敏:全媒体传播体系建设辩证法——思行合一,合分同构,共融一体[J].中国广播影视,2023(Z1):34 - 38.

[68]胡正荣,李荃.融合十年:2012 - 2022 年媒体融合的历程回顾与前景展望[J].现代视听,2022(09):5 - 10.

[69]练蒙蒙.以核心竞争力推动媒体深度融合发展[J].中国记者,2024(02):93 - 97.

[70]高连忠.讲好中国故事 关键在于增强文化自信[J].中国广播电视学刊,2018(10):91 - 93.

[71]马梅.移动互联环境下信息传播的轻量化策略[J].东南传播,

2018(9)：12 – 14.

［72］段鹏.智能媒体语境下的未来影像：概念、现状与前景［J］.中国传媒大学学报，2018（10）：1 – 6.

［73］杨保军.论传播主体与接受主体的关系［J］.国际新闻界，2003（6）：44 – 48.

［74］习近平.在2018年全国宣传思想工作会议上的讲话［EB/OL］.（2018 – 08 – 21）［2023 – 05 – 25］.http://media.people.com.cn/n1/2018/0823/c40606 – 30245183.html.

［75］王晖.推动媒体融合发展 打造新型主流媒体［J］.中国记者，2014（06）：11 – 13.

［76］任辛.推进媒体融合的探索与思考［J］.新闻论坛，2015（04）：29 – 30.

［77］王晖.以融合构建舆论引导新格局——江西日报社打造新型主流媒体的实践与思考［J］.中国记者，2015（08）：16 – 18.

［78］王宣海，胡武龙.报网端微视五位一体 做好十九大融媒报道——中国江西网十九大宣传报道创新实践与启示［J］.中国记者，2017（11）：23 – 25.

［79］王宣海，邵平.打造"中央厨房"，构建舆论高地［J］.青年记者，2017（15）：62 – 63.

［80］张天清.顺应形势规律加快构建全媒体传播体系［J］.中国记者，2021（10）：10 – 15.

［81］黄万林.让党的二十大精神"春风化雨"——江西日报社以全媒互动做好重大主题报道［J］.中国报业，2022（21）：19 – 22.

［82］朱彦，齐美煜.融媒创新助力重大主题报道破圈出彩——江西日报社做好党的二十大宣传报道的思考［J］.理论导报，2022（11）：29 – 32.

［83］黄万林.以伟大建党精神锻造党报之魂——江西日报社（江西报业传媒集团）奋力建设全国一流省级党报集团［J］.中国记者，2022（01）：31 – 34.

[84]张天清.把握发展大势,展现新担当实现新作为[J].新闻战线,2023(05):9-12.

[85]张天清.打造具有强大传播力的主流新媒体——以江西新闻客户端为例[J].中国记者,2023(02):75-79.

[86]张明新,袁向玲.媒体深度融合发展的基本向度与当下坐标[J].中国编辑,20239(03):4-8.

[87]姬德强.媒体融合与国家治理体系的平台化转型[J].青年记者,2020(10):12-14.

[88]刘珊,黄升民.解读中国式媒体融合[J].现代传播,2015(07):1-5.

[89]龙小农,陈林茜.媒体融合的本质与驱动范式的选择[J].现代出版,2021(04):39-47.

[90]张磊,胡正荣.重建公共传播体系:媒体深度融合的关键理念与实践路径[J].中国编辑,2022(01):4-9.

[91]胡正荣,张英培.我国媒体融合发展的反思与展望[J].中国编辑,2019(06):8-14.

[92 黄楚新,郭海威.治理现代化视野下媒体深度融合创新研究[J].中国编辑,2022(09):31-37.

[93]常江,田浩.从两会报道看时政新闻生产的技术趋向[J].新闻战线,2018,(04):65-67.

[94]田小平,何超,陈向军.亿级"爆款"短视频《福气广州》是如何打造的——从《广州日报》两会新媒体报道看融媒内容生产模式变革[J].中国记者,2018,(04):41-42.

[95]任健,李翔宇.基于内容生产与传播新逻辑的省级党报传播力提升策略探析——以新闻客户端为例[J].新闻爱好者,2019,(02):19-23.

[96]吴志刚.打造有影响力的主流"移动"党报——江西日报社全媒体融合实践与思考[J].中国记者,2017(01):49-50.

[97]兰天,吴志刚,韩鹏飞.江西日报新媒体矩阵:品牌栏目的运作与实

操[J].中国记者,2017(08):64-66.

[98]龙小农,韩鹏飞.中国式媒体融合与中国式现代化[J].现代出版,2023(05):78-89.

[99]韩鹏飞,吴志刚,王卫明.省级党报微信公众号运营策略探究——以《江西日报》微信公众号为例[J].传媒,2017(18):60-61.

[100]韩鹏飞.省级党报微信"10万+"热文的传播特性——以江西日报微信公众号为例[J].青年记者,2017(24):72-73.

[101]韩鹏飞.省级党报时政新闻传播力的提升路径——以《江西日报》两会报道为例[J].宜春学院学报,2022(10):95-99.

[102]韩鹏飞.党报时政报道融媒体产品的创新——以《人民日报》党的二十大报道为例[J].宜春学院学报,2023(05):105-108.

[103 韩鹏飞,马星宇.媒体深度融合语境下主流媒体时政报道的创新——基于党的二十大报道17个融创精品的分析[J].萍乡学院学报,2023(01):6-9.

[104]龙小农,杨涵.中国式现代化视域下的媒体融合与国家治理现代化[J].新闻爱好者,2024(04):23-27.

[105]胡武龙.全媒体时代地方媒体创新重大主题报道的探析——以江西主流媒体党的二十大报道实践为例[J].传媒论坛,2023(02):13-15.

[106]赵茹,张旭昱.主流媒体融合发展的内在逻辑与实践进路[J].中国编辑,2024(03):79-84.

[107]罗小霞.四级融媒联动唱响全国两会好声音——江西运用媒体融合成果做好主题报道实践探索[J].传媒,2024(05):26-28.

[108]曾祥敏,刘思琦.媒体融合十年考:传播体系、社会治理与自主知识体系现代化的实践路径[J].现代出版,2024(01):47-60.

[109]黄楚新,陈智睿.全媒体传播体系演进脉络与主流媒体发展格局探析[J].中国出版,2023(23):8-12.

[110]曾祥敏,董华茜,况一凡.提升新闻舆论"四力"背景下我国媒体深度融合系统观——基于主流媒体融合发展的实证研究[J].中国出版,2023

(23):13-23.

[111]曾培伦,朱春阳.融媒十年考:中国媒体融合发展的逻辑转换与汇流[J].新闻界,2023(11):12-22.

[112]朱春阳,刘波洋.媒体融合的中国进路:基于政策视角的系统性考察(2014-2023年)[J].新闻与写作,2023(11):12-23.

[113]王海涛.定位演进·功能拓展·价值重构:我国媒体融合十年的三重意蕴和实践取向[J].中国出版,2023(20):3-8.

[114]牛文.权威主流媒体如何加强全媒体融合传播——以中央广播电视总台2023年全国"两会"全媒体融合传播为例[J].新闻爱好者,2023(10):42-44.

[115]黄楚新.全方位融合与系统化布局:中国媒体融合发展进路[J].现代传播(中国传媒大学学报),2023(07):1-7.

[116]沈正赋.新时代我国媒体深度融合发展的理路与进路考察[J].新闻春秋,2023(03):3-11.

[117]曾祥敏,董华茜.平台建设与服务创新的维度与向度——基于2022年主流媒体深度融合发展的调研[J].中国编辑.2023(Z1):26-31.

[118]黄常开.传播力——南方报业媒体融合实践[M].南方日报出版社,2021.

[119]宋建武,黄淼,陈璐颖.中国媒体融合转型[M].中国人民大学出版社,2022.

[120]梅宁华,宋建武.媒体融合蓝皮书:中国媒体融合发展报告(2015)[M].社会科学文献出版社,2015.

[121]梅宁华,支庭荣.媒体融合蓝皮书:中国媒体融合发展报告(2016)[M].社会科学文献出版社,2017.

[123]梅宁华,支庭荣.媒体融合蓝皮书:中国媒体融合发展报告(2017—2018)[M].社会科学文献出版社,2018.

[124]梅宁华,支庭荣.媒体融合蓝皮书:中国媒体融合发展报告(2019)[M].社会科学文献出版社,2019.

［125］梅宁华,支庭荣.媒体融合蓝皮书:中国媒体融合发展报告(2020)［M］.社会科学文献出版社,2020.

［126］梅宁华,支庭荣.媒体融合蓝皮书:中国媒体融合发展报告(2021)［M］.社会科学文献出版社,2022.

［127］殷乐,葛素表,林仲轩,漆亚林.媒体融合蓝皮书:中国媒体融合发展报告(2022—2023)［M］.社会科学文献出版社,2023.

后　记

　　2023 年,笔者在中国传媒大学攻读博士学位,导师龙小农教授给我布置了一个任务,让我思考媒体融合与中国式现代化的关系。为此,我回顾和梳理了媒体融合十年来的党和国家发布的相关政策、学者们的研究成果以及读博前写的一些论文,在此基础上,我产生了撰写本书的想法。然而,读博期间既要潜心钻研又要著书立说是多么的不易。

　　我最初的想法是从中央媒体、省级媒体、市级媒体、县级融媒体中心四个层级全面展开,运用多案例研究法探索主流媒体的媒体融合实践,但是动笔之后我发现没有深厚的理论功底、知识储备和资料积累,短时间内很难完成。在与吴志刚反复商量之后,最终决定"大处着眼,小处着手",运用个案研究法,将《江西日报》的媒体融合实践作为研究对象,凭借多年来对《江西日报》的观察了解,把研究做细、做深、做实。

　　回望这一年多的时光,撰写过程充满了艰辛。我经常是白天在教室上课,晚上在图书馆写作,一直到十点半图书馆熄灯关门才离开。书名、框架、章节、内容、文字都要认真推敲,尽量做到严谨和完美,不留下任何疏漏和遗憾。写作的过程也是学习的过程,向优秀的学者学习他们独特的观点,向优秀的专家学习他们宝贵的经验,让我对媒体融合有了更加深入的理解。写作的过程也是思考的过程,思考用什么理论阐释某种现象,思考用什么办法解决某个问题,提高了我的科研能力和学术水平。

　　"路漫漫其修远兮,吾将上下而求索。"书稿完成后,仍感意犹未尽,究其原因,才发现主流媒体的媒体融合实践是个过程,主流媒体经历媒体融合十年并没有到达终点,站在任何一个时间节点去回顾和总结是必要的,解决了实然的问题,然而今后如何发展,我们还应该去展望未来,关注人工智能技术的应用,解决应然的问题。媒体融合没有止步,今后的学术之路也就沿着媒体融合研究的方向一直走下去。

在本书完稿之际,我要对在本书写作过程中给予帮助的人致以最诚挚的谢意。正是在大家的热心鼓励和大力支持下,本书才得以顺利付梓。

感谢我的博士生导师龙小农教授,承蒙老师不弃,步入中年还能重返校园,可谓我人生的幸运。老师布置的任务让我萌生了撰写本书的想法,老师悉心的指导让我懂得了做学问的方法。

万事开头难,动笔之前,我几次都产生了放弃的念头,感谢江西日报社南昌分社社长吴志刚赞同我写本书的想法,愿意与我合著,为本书提供了宝贵的一手资料和意见建议,让我信心倍增。

感谢江西人民出版社邓丽红和吴艺文两位编辑,每次我咨询出版学术著作事宜,他们都能及时提供耐心的指导,解答我的疑惑,他们细致的审查和勘校让本书的质量得到了进一步提升。

感谢我的同事余济海、刘旭东、高建青等老师的鼓励,在本书写作期间为我提供学术支持。

感谢我的家人,多年来总是满怀期待,盼我成才,一直承担起照顾家庭、抚育孩子的重担,让我安心工作,专心学习,勇往直前,无后顾之忧。你们的爱是我奋斗的永恒动力。

感谢江西日报社领导提供对本书的审读意见。

感谢江西省社会科学规划"十三五"(2020 年)基金项目"矩阵视域下党报新媒体提高时政新闻传播力的路径研究"(项目编号:20XW12)和江西省社会科学规划"十四五"(2024 年)基金项目"大外宣格局下地方国际传播的实践困境与发展路径研究"(项目编号:24XW04)资助出版。

感谢宜春学院学者文库(第十二辑)资助出版!

韩鹏飞

2024 年 11 月

于中国传媒大学图书馆